달라스한인문학회
Korean Literature Society of Dallas

간행사

김양수
달라스한인문학회 회장

문학이 없는 세상

만약 우리가 문학이 없는 세상에 살고 있다면 우리의 삶은 어떨까 하고 상상해 봅니다. 소설과 시나리오가 없으니, 영화도 연극도 없을 것이고 즐겨보는 드라마도 없겠지요. 또한 시가 없으니 노래 가사도 없겠고 성경 역시 그저 메마른 기록물에 지나지 않을 겁니다. 지인들과의 대화마저 감동적이고 감칠맛 나는 대화가 아닌 그저 서술적인 건조한 대화가 될 것입니다. 한마디로 문학이 없는 세상에 산다는 것은 사람 냄새 나지 않는 재미 없고 메마른 삶이 되겠지요.

디지털 문명이 우리의 삶을 지배하는 오늘날 문학은 점점 소외되는 듯한 느낌입니다. 사람들은 장편소설을 껴안고 며칠씩 읽는 것보다는 노력하지 않고 쉽게 보는 드라마를 선호합니다. 긴 이야기보다는 짧고 강렬한 유튜브를 즐겨보지요. 그래서 주변 사람들에게 문학 이야기를 하면 그들은 마치 먼 나라 이야기처럼 대합니다.

그러나 분명한 사실은 그들이 아무리 부인하려 해도 그들이 싫든 좋든 문학의 영향 속에 살고 있습니다. 그들이 즐겨 보는 드라마, 즐겨 부르는 노래, 감동적인 성경 문구, 연인 간의 달콤한 대화 등 모든 것들이 문학 또는 문학적인 감각 없이는 불가능하니까요.

그러한 의미에서 삼십 년 가까이 이어지는 달라스한인문학회는 결코 외로운 모임이 아닙니다. 조금 거창하게 말한다면 회원들의 문학 활동을 통해서 우리의 정신세계를 풍요롭게 하는 데 일조하는 귀한 모임입니다. 이제 『달라스문학』 19호가 출간되었습니다. 19년간 이어지는 문학지에 회원의 한 사람으로서 뿌듯한 자긍심을 느낍니다. 19호를 읽는 독자들이 작품들을 통해서 삶에 풍요로움을 더하는 계기가 되기를 바랍니다.

작품을 내신 모든 분과 그동안 편집을 위해 수고하신 박인애 편집국장님, 멀리 한국에서 편집과 교정을 도와주신 김추산 편집위원님, 그리고 임원 여러분께 감사의 말씀을 전합니다.

축 사

김호운

소설가 · 수필가, 한국문인협회 이사장

세계 속에 한국문학의 길을 열어가는 『달라스문학』

『달라스문학』 19호 출간을 축하드립니다. 언어권이 다른 달라스에서 우리 말과 글로 문학을 일구고 가꾸는 일이 얼마나 힘든 일인지 잘 알기에 『달라스문학』 19호 발행이 더욱 크게 빛납니다. 이 빛나는 일을 이뤄낸 데는 달라스한인문학회 김양수 회장님의 리더십과 임원 및 회원들의 봉사와 희생정신이 큰 힘이 되었을 겁니다. 축하와 함께 존경의 박수를 보냅니다.

언어권이 다른 사회에서 우리 글로 문학 하는 일이 지난하기는 하지만, 한편 생각해 보면 이 '지난함'이 오히려 훌륭한 문학 소재로써 큰 자산이 될 수 있습니다. 우리 문학은 이제 세계 속의 한국문학이 되었습니다. 우리 문학이 세계 독자를 가지기 위해서는 세계 각국의 문화를 이해하고 이를 문학에 접목하는 일이 선행되어야 합니다. 우리 문화를 세계에 알리는 일도 중요하지만, 다른 나라 문화를 이해하여 그

중요함을 함께 공유하는 일도 중요합니다. 그런 의미에서 달라스한인문학회 회원 여러분은 국내 문학인들이 가지지 못하는 귀한 체험의 현장에 계십니다. 우리 문학을 사랑하면서 현지 문화를 이해하고 존경할 때 우리 문학은 세계 속에 자리할 수 있습니다. 달라스한인문학회 회원 여러분은 우리 문학의 외연을 세계 속으로 확장하는 데 가장 중요한 위치에 있다는 말씀을 전합니다.

작고하신 김종삼 시인의 시 가운데 「누군가 나에게 물었다」가 생각납니다. '누군가 나에게 물었다. 시가 뭐냐고/나는 시인이 못 되므로 잘 모른다고 대답하였다' 30여 년이 넘게 훌륭한 시를 써온 시인이 시가 뭐냐고 묻는데 "나는 시인이 못 되므로 잘 모른다" 하고 대답합니다. 물론 이는 그의 작품에서 표현한 말이지만, 어쩌면 많은 문학인에게 하는 말인지도 모릅니다.

문인들이 작품을 쓸 때 역시 그렇습니다. 소재를 얻고 작품을 집필하기까지 지난한 과정을 거칩니다. 낯섦에서 익숙함으로 환치하는 일이 문학입니다. 물론 쉬 일구는 경우도 있으나, 대개 한두 번 치열한 진통을 거칩니다. '모름'에서 '앎'의 진리에 접근하는 게 우리 문학이 가진 훌륭한 기능입니다.

영어권 문화에서 생활하면서 우리 문학을 하는 일도 이와 다르지 않다는 생각을 해봅니다. 달라스한인문학회 회원 여러분이 체험한 낯선 경험들은 우리 문학이 세계 속으로 나아가는 데 큰 동력이 되는 씨앗이며 마중물입니다. 주어진 환경을 문학 속에서 녹이는, 저는 그러한 문학을 사랑합니다. 아울러 이러한 문학을 하는 달라스한인문학회 회원 여러분을 존경합니다.

앞으로 자주 소통하면서 달라스 문학이 국내에 접목되고 우리 문학이 달라스 문학에 녹여지길 희망하며, 『달라스문학』 19호 출간을 다시 한번 축하드립니다. 달라스한인문학회의 큰 발전을 기원합니다.

권두시

문학은 물길입니다

방정웅

동시는 옹달샘에서 솟는
순진한 생명들이 목을 축이는
샘물이고 여울입니다

시는 개울을 따라 흐르는 냇물이며
자연을 노래하고 바람 따라
골짜기를 돌아 흐르는 계곡물입니다

소설은 굽이치는 긴 강물이고
위 강을 떠나서 아래 강을 지나
파도치는 커다란 바다입니다

수필은 있는 그대로 물길을 트고
보이는 그대로 그려내며
속살이 훤히 드러나 비치는
거짓 없는 삶의 몸부림입니다

콩트는 이리저리 굽이쳐 흐르다가
물안개 속을 날아서 떨어지는

한여름의 시원한 폭포수입니다

동시는 동시다워야·하고
시는 시다워야 하며
소설은 소설다워야 합니다
수필은 수필다워야 하고
콩트는 콩트다워야 합니다

제 모습을 잃을 때
동시는 웅덩이 물이 되고
시는 둑으로 막힌 저수지가 되며
소설은 고여 흐르지 않는 호수가 되고
수필은 쓰레기가 떠가는 도랑물이 되며
콩트는 물 꺼진 폭포이고 방향 없는 개천물일 뿐입니다

달라스문학은 살아 움직이는 물길입니다

달라스한인문학회
Korean Literature Society of Dallas

간행사 | 김양수 문학이 없는 세상 _ 002
축　사 | 김호운 세계 속에 한국문학의 길을 열어가는 『달라스문학』 _ 004
권두시 | 방정웅 문학은 물길입니다 _ 006

디카시　제1회 달라스한인문학회 디카시 공모전 수상작 _ 011
　　　　　한소담 신금재 정승호 오민아 이시연
　　　　　정문성 김국희 백현남 안병희 오경석 조용순

회원디카시　김정숙 박인애 방정웅 _ 023

특별기고
소설　김호운 사라예보의 장미 _ 028

시 · 동시 · 동시조
시　　김명성 새벽을 여는 소리 외 3편 _ 046
　　　　김지낭 시는 고양이처럼 외 3편 _ 053
　　　　박경옥 눈물 꽃 야생화 외 3편 _ 060
　　　　박인애 휴대전화에 묻다 외 1편 _ 069
　　　　백수길 성불 외 1편 _ 073
　　　　이혜선 공룡의 계곡 외 3편 _ 077
　　　　임태성 오늘은 무슨 꽃이 필요한지 외 3편 _ 085
　　　　정승호 시를 쓴다는 것은 외 1편 _ 093

동시　방정웅　기도할 때 외 3편 _ 097
　　　　정승호　햇빛 사냥 외 1편 _ 102
　　　　최기창　그네 외 3편 _ 105

동시조　김정숙　이월의 건강검진 외 3편 _ 109

수필
김　남　광음여시 외 1편 _ 114
김추산　Warning! 외 1편 _ 121
김희중　내 딸 지연이 외 1편 _ 131
박인애　인애의 해방일지 _ 142
백경혜　기러기의 꿈 _ 146
백수길　백 불이 뭐길래 _ 151
서경희　3일의 약속 외 1편 _ 154
오명자　추억 여행 외 1편 _ 164
이경철　어머니와 단골 외 1편 _ 172
정만진　외로우니까 사람이다 외 1편 _ 180
지경민　원두막 지붕 아래 여름비는 내리고 외 1편 _ 190
최정임　장편소설로 온 고래 외 1편 _ 204
함영옥　위선 _ 216

콩트
김양수　사는 이유 외 1편 _ 226

소설
임영록 아엠유 _ 248

제13회 달라스문학 신인상
이봉하 | 알마스티 _ 264
김종회 | 심사평 _ 277

기획연재_도시와 건축
조재성 | 다문화 도시 LA와 도시계획 조례 개정 외 1편 _ 280

특별기획 _ TEXAS PEOPLE
김명기 | 무명씨, 그럼에도 불구하고 난 김명기 _ 290
Jasmine Lee | 조금은 헐거워진 신발로 한 걸음 한 걸음 _ 294

달라스한인문학회
달라스한인문학회 소개 _ 302
달라스한인문학회 카페 _ 304
2023 달라스한인문학회 약사 _ 305
달라스한인문학회 역대 회장 및 임원명단 _ 310
달라스문학 신인상 공모전 _ 311

편집후기 | 319

디카시

제1회 달라스한인문학회 디카시 공모전 수상작

한소담
신금재
정승호
오민아
이시연
정문성
김국희
백현남
안병희
오경석
조용순

회원 디카시

김정숙
박인애
방정웅

최우수상

꽃과 당신

한소담

꽃 이름이 무언지, 꽃말이 무언지 묻지 마라
꽃은 피어 있는 것만으로도 아름답고 소중하다
그대 또한 오늘 살아있음에,
그 존재만으로도 아름답고 소중하다

우수상

겨울 묘지에서

신금재

네가 살아서 웃고 울던
빌딩 그림자 아스라이 멀어져 가고

눈 내리는 따스한 묘지 마당
푸른 전나무 아래 새겨보는

선명한 너의 이름 석 자

우수상

제 1 회 달라스한인문학회 디카시 공모전

당연한 것들

정승호

해가 뜨고 지는 것
꽃이 피고 지는 것

그리고
너를 사랑하는 것

장려상

자연의 신비로움

오민아

비와 햇살의 동침은
일곱 가지의 색으로 꿈을 잉태하고
빨주노초파남보 희망의 무지개를
꽃피웠다

장려상

평행목

이시연

님아 기억하오
저 나무들이 새싹이었을 즈음에 우리의 사랑도 싹텄지
님아 기억하오
저 나무들이 나란히 팔을 뻗어 태양을 좇는 것같이
나와 함께하오

장려상

겨울 바다

정문성

한없이 시린 겨울 바다
구름 속에 담긴 노을 물결처럼
함께 선 두 마음, 어루만져진 사랑

가작

기다림의 끝

김국희

시간이 흘러 다시 돌아온 그날의 강물 위로
아스라한 기억의 한 조각을 부여잡고
수없이 반복했던 만남의 예행연습들을
하지만 기약 없는 외로운 기다림을
이제는 흘려보내려 한다

가작

오리무중

백현남

안개 낀 가을 아침 오리들 길 잃었다
걸음마 배운 새끼 엄마만 따라오고
물가로 가고픈데 주변은 아스팔트
오호라 오리무중 아빠는 어디 갔나

가작

폐점

안병희

버섯 머리 패션에
새하얀 솜이불 덮고
한 계절 쉬어 가렵니다
꽃 피는 봄에
다시 뵙겠습니다

가작

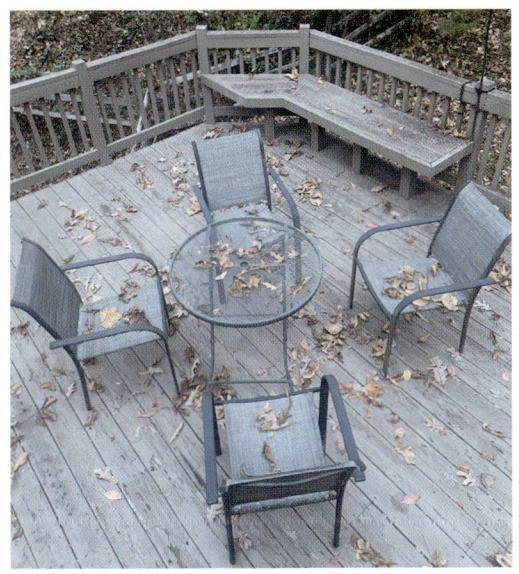

마지막 카페

오경석

구겨진 갈색 수의 입고 잠시 들러
운 좋게 자리 잡고 어색하게 마주 본다

낭만조차 쓸어갈 시끄런 빗자루가 싫어
조용한 바람결에 얼른 떠나고 싶다

가작

아! 단풍 들었네

조용순

가을 깊은 코넬대학
모녀의 정겨운 순간,
딸아!
가을이 물든 나무처럼
꿈이…

배려

김정숙

하늘 품은 나무
어린나무
서로 달라도
겨울 지나며 알게 된
곁에 사는 행복

회원 디카시

Sugar Bombs

박인애

달콤한 상술에 속았다
수위가 높았다
민망해진 토마토
얼굴이 빨개졌다

아침 나들이

방정웅

오늘 아침에도 같이 나들이 왔구나
걷기도 힘든데 뒤뚱이는 발걸음
어디로 갈까?
왼쪽으로 가요
아니야, 오른쪽으로 가자

옥빛 겹저고리
굵게 패인 주름
하얗게 센 쪽 찐 머리의
가닥 가닥마다 지난 세월이 묶여있다

손때묻은 은비녀는
수절한 삼십 년을 말하고
마디마디 불거진 억센 손마디는
지아비의 몫을 쓸어안은 한이 서려 있다

원망도 후회도 할 여유조차 없이
이산 저산 헤매어 헐떡인 세월이
주춤하여 내려본 치마 밑 그림자 속에
허리 굽은 낯선 쓸쓸함이
마주 보고 서 있다

누구일까?
누구일까?
낯익으면서 낯설기만 한 저 여인은…

- 시, 어머니. 안경화 (달라스한인문학회 제1대 회장)

특별기고

김호운

특별기고 · 소설

사라예보의 장미

김호운

　그해, 사라예보의 가을은 참 스산하고 음울했다. 유럽 배낭여행 막바지에 사라예보를 방문했다. 보스니아 헤르체고비나의 수도 사라예보는 5개 산으로 둘러싸인 분지에 있다. 세르비아 쪽에서 버스로 가면 이 산자락을 타고 시내로 내려가는데, 위에서 내려다보면 서유럽 도시들과는 다른 독특하고 환상적인 분위기를 풍긴다. 어둠이 막 걷히기 시작하는 사라예보는 마치 우리나라의 어느 농촌 마을 같기도 하다.

　순간 놀란 듯 나는 얼른 시선을 거두었다. 버스 헤드라이트에 언뜻언뜻 비치는 붉게 물든 단풍이 갑자기 가슴을 찡하게 했다. 사라예보가 내전으로 깊은 상처를 안고 있다는 사실을 잠시 잊고 있었다. 팸플릿에서 사진으로 보았던 총탄 자국이 선명한 건물과 폭격으로 무너진 건물들이 떠오른다. 상처 입은 건물 앞에 검은 히잡을 쓴 여인이 반쯤 얼이 빠진 채 홀로 앉아 있거나 거리를 배회하는 사진도 있었다. 화려하게 불타는 단풍이 가슴 시린 슬픔이 될 수도 있는, 이 낯선 감정을 나는 그해 사라예보에서 처음 보았다.

　세르비아 수도 베오그라드에서 야간버스를 타고 7시간 걸려 어둠이 채 걷히지 않은 이른 아침에 사라예보의 루카비차(Lukavica)

버스터미널에 도착다. 희뿌연 어둠이 깔린 버스터미널은 을씨년스럽다 못해 섬뜩한 기운이 감돈다. 부랑자로 보이는 건장한 청년 몇 사람이 불 꺼진 터미널 상가 주변을 어슬렁거리고 있었다. 시 외곽에 있는 이곳은 세르비아계 지역이다. 유고슬로비아 내전 당시 사라예보에는 가톨릭계, 이슬람계, 세르비아 정교회계 등 복잡한 종교 이념으로 갈라서서 서로 격렬하게 싸웠다. 정답게 살던 이웃들이 하루아침에 적이 되어 싸운 것이다. 특히 세르비아 정규군의 지원을 받은 세르비아계 반군 민병대가 이슬람계 주민을 '인종청소'라는 이름으로 대규모 학살했다. 이슬람계가 사는 시가지에는 누구든 눈에 띄기만 하면 잠복하고 있던 세르비아계 저격수들이 조준 사살했다. 동계올림픽을 개최하고, 제32회 세계탁구선수권대회를 열었던 평화로운 이 나라가 이렇게 내부 분열로 무너졌다. 내가 방문했을 때는 싸움을 멈추고 서로 구역을 나누어 살고 있었으나, 앙금이 다 사라진 건 아니었다.

나는 세르비아계 지역에 있는 이 버스터미널에서 이슬람계가 사는 구시가 바쉬챠르샤(Bascarsija) 광장으로 이동해야 한다. 여행자라곤 나 혼자밖에 없어 몹시 불안하다. 빨리 이 지역에서 벗어나고 싶은데, 첫 트램이 아침 7시에 출발한다. 아직 한 시간 조금 더 남았다. 버스에서 내린 승객들은 대부분 이곳 주민으로 뿔뿔이 흩어져 터미널을 떠났다.

트램을 기다릴 수 없어 나는 흩어지는 주민들과 일행인 듯 어울려 무작정 걸었다. 방향이 시내 쪽인 사람들이 있어서 그나마 다행이었다. 가는 도중에 하나둘 흩어지다가 중간쯤에서 마지막 주민이 떨어져 나가고, 안개가 깔린 텅 빈 거리에 이제 나 혼자 남았다. 사라예보 시가를 남북으로 흐르는 밀랴츠카(Miljacka) 강을 따라 나는 바쉬챠르샤 광장을 향해 빠른 걸음으로 걸었다. 모골이 송연하다는 말을 실감한다. 이 섬뜩함을 떨쳐버리기 위해 나는 숨이 턱에 찰 때까지 뛰었다. 아직은 발칸반도를 여행하는 사람들이 많지 않았다. 사라예보에 머무는 3박 4일 동안 서양인 여행자는 간간이 눈에 띄었으나 동양인 여행자는 한 사람도 만나지 못했다. 이런 지역에 나는 겁 없이 홀로 들어왔다.

바쉬챠르샤 광장에 있는 여행자 안내소에는 50대로 보이는 여성 직원 한 사람이 사무실을 지키고 있었다. 한가롭게 손톱 정리를 하던 그녀는 나를 소 닭 쳐다보듯 바라본다. 여행자를 반기기는커녕 경계하는 눈빛이다.
"유스호스텔에는 자리가 없어요. 민박하시겠어요?"
잠시 나를 아래위로 훑어보고 난 여행자 안내소 직원이 내게 한 말이다. 국적도 여행 목적도 묻지 않았다. 목을 긁어내는 듯한 짙은 허스키 목소리에 피곤이 켜켜이 쌓였다. 유스호스텔에 자리가 없다는 그녀의 말이 쉬 이해되지 않았다. 문을 닫았다든가 잠시 영업을 하지 않는다고 말하면 모를까 여행자도 별로 없는데 만원이라고 했다. 그 내막이 궁금했으나 우선 방을 구해야 했기에 나는 얼른 "좋습니다" 하고 대답했다. 내전으로 집이나 가족을 잃은 사람들이 유스호스텔에 기거하고 있다는 사실을 나중에야 알았다. 민박을 권하는 것도 생계 수단을 잃은 주민들을 도와주려는 배려였다. 그러고 보니, 낯선 여행자를 대하는 여행자 안내소 직원의 무뚝뚝한 태도도 조금은 이해된다. 죽음의 터널을 지나온 사람들이다. 여행자가 많이 오기를 기다리지만, 한편으로는 여행자에게서 느끼는 여유로움이 이들에게는 불편할 수도 있다. 사라예보를 여행하는 내내 나는 몸을 낮추었다.

여행자 안내소 직원이 창문을 열고 광장 쪽을 향해 알아들을 수 없는 세르보크로아티아어로 뭐라 큰 소리로 말했다. 그러자 광장 한쪽에 히잡을 쓰고 정물처럼 앉아 있던 중년 여인이 이쪽을 돌아본다. 아까 여행자 안내소를 찾을 때 내가 길을 물어봤던 그 여인이다. 그녀는 내 물음에 아무런 대답도 없이 멍하니 허공을 쳐다보기만 했다. 영어를 알아듣지 못해서 그런가 하고, 나는 휴대전화에 저장해 둔 사라예보 여행자 안내소 사진을 보여주었다. 그래도 그녀는 반응을 보이지 않았다. 그제야 나는 팸플릿에서 본 사진을 떠올렸다. 사진에서도 그렇게 느꼈지만, 그녀의 동공에는 영혼이 없었다. 그러고 나서도 나는 바로 그 자리를 뜨지 못했다. 잠시 혼란에 빠졌다. 내가 그녀에게 길을 물은 게 아니라, 그녀가 내게 길을 물은 것 같은 착각에 빠졌다. 초점 없는 그녀의 시선이 그랬듯이, 나도 그녀에게 들려줄 답이 없어 멍한 시선으로 바라보며 서 있었다. 그녀는 이제 나를 외면한 채 고개를 돌려 건물 뒤로 보이는 산을 바라보고 있었다.

여행자 안내소 직원이 소리치는데도 그녀는 아까 내게 그랬던 것처럼 아무런 반응을 보이지 않았다. 여행자 안내소 직원이 내게 "저 사람 집에 묵을 겁니다." 했다. 무슨 사연이 있는 걸까. 그녀가 쓰고 있는 검은 히잡에 뭔가 많은 이야기를 감추고 있는 듯 보였다.

"숙박비는 하루 20마르카(1마르카는 620원 정도)입니다."

"네? 죄송합니다. 뭐라고 하셨죠?"

그때까지 나는 광장에 있는 그 여인을 바라보느라 여행자 안내소 직원의 말을 제대로 듣지 못했다. 뒤늦게 "… 20마르카입니다" 하는 그녀의 말 끝자락을 겨우 붙들며 미안한 표정을 지었다. 여전히 무표정인 채 그녀는 같은 말을 반복했다.

"혹시 달러로 결제할 수 있나요?"

"네, 가능해요. 식사는 불포함입니다. 대신 주방을 사용할 수 있어요."

며칠 묵을까 잠시 고민하다가 우선 사흘 치 숙박비를 결제했다. 여행자 안내소 직원이 영수증을 건네주며 투덜거리는 투로 말했다.

"늘 이래요. 아무래도 내 시간을 뺏으려고 태어난 사람 같아요."

"누가요?" 하려다가 참았다. 나는 다시 광장의 그 여인을 돌아다보았다.

"가시지요."

여행자 안내소 직원을 따라 민박집으로 갔다. 광장에 있는 그 여인은 함께 가지 않았다. 나는 광장을 향해 몇 번이나 뒤돌아보았다. 자기 집에 민박할 여행자를 데리고 가는데 집주인인 그녀가 반가워하기는커녕 함께 가지도 않는 게 쉬 이해되지 않았다. 늘 그랬던 모양이다. 여행자 안내소 직원이 투덜거렸던 게 이제야 이해된다. '집에 다른 가족이 있는가 보다' 하며 나는 여행자 안내소 직원을 따라갔다. 가는 길에 보이는 건물들 대부분 외벽 여기저기에 총탄 자국이 나 있었다. 아름다운 대학도서관은 반쯤 무너진 채 흉물스럽게 팽개쳐져 있었다. 총탄 자국을 빨간색 페인트로 메꿔 놓은 건물들도 많이 눈에 띈다. 총탄 자국을 지우려고 그랬다고 생각했는데, 여행자 안내소 직원이 오래도록 기억하기 위해서라고 한다. 빨간색 고무 페인트란다. 고무 페인트가 있다는 사실도 처음 알았다. 빨간 고무 페인트로 메꾼 총탄 흔적을 이곳 사람들은 '사라예보의 장미'라 부른다는 말도 덧붙였다. 사라예보의 장미, 언젠가 탱크 포구(砲口)에 장미 한 송이를 꽂아놓은 그림을 본 적 있다. 내전으로 고립되었을 때 사라예보의 한 어린이가 그린 이 그림이 전 세계인의 가슴을 울렸다. 그 그림이 떠올라 나는 '사라예보의 장미'에서 눈을 뗄 수가 없었다.

민박집은 도심 안쪽 이슬람계 구역의 산자락에 있었다. 단층으로 된 평범한 가정집이었는데 현관문에 큼지막한 자물쇠가 달려 있었다. 여행자 안내소 직원이 마치 자기 집에 들어가듯 열쇠를 꺼내 자물쇠를 연다. 잠긴 문을 보자 광장에 앉아 있는 주인 여자가 왜 우리와 함께 오지 않았을까, 나는 그게 또다시 궁금해졌다.
"어? 또 열려 있네."
여행자 안내소 직원이 문고리에서 자물쇠를 빼 들고 이리저리 들여다보며 혼잣말을 했다. 나를 의식해서인지 무심코 그런 건지 모르지만, 그녀가 이번에는 세르보크로아티아어가 아닌 영어로 말했다. 그러면서 나를 쳐다본다. 열쇠로 연 게 아니라, 이미 자물쇠가 열려 있었던 모양이다. 혹시 도둑이 든 건가 하며 나는 그녀의 표정을 살폈다. 마치 내 속내를 알아차린 듯 그녀가 어깨를 으쓱하며 자물쇠를 높이 들고 나를 향해 흔들어 보인다. 이 집에 묵어야 하는 나로서는 그다지 유쾌한 상황이 아니다. 그런데도 그녀는 태연하다. 도둑이 들었다고 의심했다면 뭔가 다음 행동이 있어야 하는데, 그녀는 아무렇지도 않게 집 안으로 들어간다.

집 안으로 들어가자마자 나는 분위기부터 살폈다. 거실에 식탁과 의자들이 놓여있고, 깨끗한 흰색 벽에는 자수와 복제 그림 몇 점이 걸려 있었다. 투박한 가구들에 오래된 흔적이 묻어 있었으나 비교적 깔끔하게 잘 정돈되어 있었다. 도둑이 든 흔적은 전혀 보이지 않았다. 오히려 오랫동안 사람의 손길이 묻지 않은 듯 찬 기운이 돌았다. 여행자 안내소 직원은 이런 일이 예사로운 듯 집 안을 살펴볼 생각은 하지도 않고 묵을 방으로 나를 안내한 뒤 "저녁에 가족들이 돌아올 겁니다. 혹 그 전에 나갈 일 있으면 현관문을 꼭 잠그고 나가세요" 하고는 열쇠를 내게 건네주고 돌아가 버렸다.

그날 저녁, 직장에서 돌아온 이 집 막내딸 샤샤에게서 궁금해하던 샤샤의 어머니에 관한 일들이 밝혀졌다. 두 아들과 남편을 내전으로 잃었고, 큰딸은 세르비아계의 이슬람계 인종청소 작전 때 수용소로 끌려간 뒤 성폭행에 시달리다가 스스로 목숨을 끊었다. 큰딸이 세르비아계 민병대에 끌려가던 날, 샤샤의 어머니는 딸을 구하려고 민병대의 팔을 깨물며 저항하다가 머리에 총상을 입었다. 그 후유증으로 그녀는 실어증과 정신장애로 고통받고 있다. 그녀는 매일 바쉬차르샤 광장에 나가 돌아오지 않은 남편과 자녀들을 기다린다. 그날 샤샤는 화장실에 들어가 있는 바람에 화를 면했다. 18살인 샤샤는 현재 이 집안의 가장이다. 이슬람인이 운영하는 빵 공장에서 일하며 어머니와 둘이 이 집에 살고 있다.

샤샤는 주방을 사용할 때 주의해야 할 내용을 내게 알려주면서 당부했다.

"나가실 때 귀중품은 꼭 몸에 지니세요. 복제한 열쇠를 여행자 안내소 직원이 몇 번 분실한 적 있어 집이 안전하지 않아요."

그 말을 하고 나서 샤샤는 나를 쳐다보았다. 잠시 머뭇거리더니 그녀는 조심스럽게 다시 입을 연다.

"사실은… 잃어버린 열쇠보다 어머니가 문을 잠그지 않고 나가는 일이 많아요."

"…?"

"그리고 간혹 밖에서 불미스러운 일이 생기기도 하니, 주의하셔야 합니다."

"고마워요."

낮에 여행자 안내소 직원과 민박집으로 올 때 광장에 앉아 있던 샤샤의 어머니가 따라오지 않았던 이유를 이제 확실히 알았다. 현관문에 자물쇠가 걸려 있기는 했지만, 이 가족에게 '집'은 별 의미가 없다. 이들에게는 집 안과 집 밖의 경계가 허물어졌다. 내전으로 희생된 가족들이 아직 바깥에 머물고 있기에 이들에게는 집 안도 집 바깥도 모두 집이다. 현관문을 잠그지 않는 것도 잠그는 걸

잊어버렸다기보다 아직 돌아오지 않은 가족이 언제든지 들어올 수 있도록 한 게 아닐까 싶다. 나는 집 현관문에 달려있던, 샤샤의 어머니가 가끔 열어놓기도 한다는 그 자물쇠를 다시 떠올렸다. 그 자물쇠는 현관문이 아니라, 이 집 가족의 마음을 열고 잠그기 위해 달아놓은 것으로 보인다.

샤샤는 묻지도 않는데 여행 중 주의할 일까지 차근차근 설명해 주었다. 참혹한 내전을 겪어서 그런지 18살 소녀 같지 않게 무척 어른스럽다.

"어머니는 집에 잘 안 계시나 보죠?"

"내가 출근할 때 함께 나가 혼자 바쉬챠르샤 광장에서 종일 있다가 내가 퇴근할 무렵에 함께 들어옵니다. 곧 들어오실 거예요."

앞서 전후 사정을 들은 뒤라 나는 마음이 몹시 무거웠다. 샤샤는 잠시 머뭇거리다가 말했다.

"제가 일하는 빵 공장이 그 광장에 있어요. 어머니가 종일 바라보고 있는 건물 2층에서 제가 일해요. 광장은 어머니의 거실인 셈이에요. 다른 곳에 있으면 불안해합니다. 집에서도 마찬가지예요."

"그럼?"

"맞아요. 어머니는 나를 감시하고 있어요. 거기에 앉아 나를 지켜보면서 아버지와 오빠와 언니가 돌아오길 기다리고 있지요."

샤샤는 "이건 아무에게도 말하지 않은 이야기예요" 하면서 조심스럽게 말을 꺼냈다. 왜 그런 비밀스러운 이야기를 내게 말해주는지는 알 수 없다. 어쩌면 속에 묻어둘 수 없는, 18살 소녀의 가슴으로는 감당할 수 없는 아픔이어서가 아닐까 싶다.

그날, 샤샤의 언니가 세르비아계 민병대에 끌려갈 때 함께 온 민병대원 중에 샤샤의 남자 친구가 있었다. 샤샤보다 두 살 위인 그 남자 친구는 샤샤가 화장실에 있는 걸 알고 있었다. 집 안을 뒤질 때 화장실 문을 열고 확인한 사람이 그였기 때문이다. 그는 놀라는 샤샤를 향해 재빨리 검지를 세워 자기 입술에 대고는 얼른 화장실 문을 닫았다. 샤샤는 그 일로 오랫동안 죄책감과 불안으로 떨어야 했다. 샤샤의 남자 친구는 그들과 이웃에서 함께 살았으며, 학교를 함께 다녀 그녀 어머니도 그를 알고 있었다. 만약 그날 총상을 입지 않았다면, 그녀 어머니는 샤샤의 남자 친구에게 달려들었을지도 모른다. 그랬다면 남자 친구도 자신도 무사하지 못했을 거라면서 샤샤는 눈물을 흘렸다. 정신이 온전치 못하지만, 아마도 그날 일을 기억하고 남자 친구가 찾아올까 두려워하고 있는지도 모른다며, 샤샤는 볼을 타고 흐르는 눈물을 닦았다.

"참 이상해요. 처음 보는 선생님께 이런 이야기를 하다니, 놀라셨지요? 혹시라도 어머니가 이상한 행동을 하더라도 오해하지 않으시길 바라기 때문일 거예요. 민박 온 분들이 어머니 때문에 하루를 겨우 넘기고 떠나 버렸거든요."

대체 어떤 행동을 했기에 여행자가 떠날 정도란 말인가. 나는 긴장했다. 오죽했으면, 샤샤의 말대로 처음 보는 나에게 이런 속 깊은 이야기를 했을까 싶어 더 걱정되었다. 4개월 동안 배낭여행을 하면서 여러 나라 여러 도시에서 온갖 예상치 못한 상황들을 체험한 터라 웬만한 일이면 다 받아들이고 내 안에 녹인다. 나는 분위기를 바꾸기 위해 샤샤에게 물었다.

"남자 친구는 그 뒤 만나지 못했나요?"

"소식을 알지 못해요. 그날 이후 본 적이 없어요. 어쩌면 언니나 오빠들처럼 희생되었을지도…, 그래서 알려고 하지 않아요. 아니에요. 알게 되면 더 불행한 일이 생길 거예요."

그날 저녁이었다. 샤샤가 말하던 그 걱정거리가 내게도 찾아왔다. 주방에서 라면을 끓이고 있는데 샤샤의 어머니가 내 팔을 잡아당기며 안방으로 데리고 갔다. 그녀는 깨끗하게 세탁하여 접어 놓은 잠옷 한 벌을 내게 내밀었다. 어리둥절한 표정을 짓는 나에게 알아듣지 못하는 말로 뭐라고 계속 채근했다. 그건 말이 아니라, 웅얼거리는 소리였다. 나는 급히 샤샤에게 도움을 요청했다. 샤샤가 방으로 들어와 자기 어머니와 긴 이야기를 나누었다. 무슨 말인지 나는 알아들을 수 없었다. 샤샤의 어머니는 말을 하지 못했지만, 상대방 말을 알아듣기는 하는 것 같았다. 두 사람의 목소리가 점점 높아졌고, 끝내 샤샤가 눈물을 보였다. 그러거나 말거나 샤샤의 어머니는 계속 내게 잠옷을 내밀며 뭐라고 웅얼거렸다. 샤샤가 애절한 표정으로 나를 바라보며 말했다.

"죄송해요. 일단 받으시면 좋겠어요. 그걸 입으시라는 거예요."

"왜요?"

"아버지가 입던 잠옷입니다. 어머니는 이 집에 들어오는 남자를 가끔 아버지로 착각하셔요."

"네?"

"일단 받으셔서 방에 놓아두세요. 어떤 분에게는 입었는지 확인하러 방에 들어가기도 하고, 어떤 분에게는 아예 손님 방문을 잠가버리고 안방에서 주무시게 하기도 해요. 물론 그럴 땐 어머니는 제가 모시고 제 방에서 잡니다. 웃으면서 이틀을 견딘 분도 계시지만, 대부분 다음날 앞당겨 체크아웃하셨어요."

이건 보통 일이 아니다. 편안하게 여행 온 여행자에게는 불편한 일이 아닐 수가 없다. 간단하게 잠옷을 받아 내 방에 두면 그만이나, 샤샤의 말처럼 엉뚱한 일이 일어나면 어떻게 할 것인가. 전혀 예상하지 못했던 일이다. 이 정도면 여행자 안내소에서 미리 알려주고 체크인 여부를 결정하게 해야 한다. 이건 중대한 결함이다. 그러나 이미 여기까지 진행된 일이다. 이를 어떻게 할 것인가는 이제 내가 결정해야 할 몫이다. 생각 같아서는 이대로 나가고 싶은데, 앞서 샤샤와 나눈 대화가 자꾸 마음에 걸렸다. 나는 잠옷을 받아 들고 샤샤의 어머니를 향해 가볍게 웃어 보였다. 그녀의 이런 행동을 이해해서가 아니라, 옆에 서 있는 샤샤가 애처로워 보여서다. 생각해 보면, 그녀를 이해하고 말 것도 없다. 정신이 온전치 않은 사람의 행동이다. 어쩌면 거부감을 느꼈던 나보다 오히려 그녀가 더 순수한 행동을 하고 있는지도 모른다. 내가 웃는 걸 보고 그녀도 따라 웃었다. 짧은 시간 함께 있었지만, 그녀가 웃는 걸 나는 처음 보았다. 어제 광장에서 처음 마주쳤을 때와는 전혀 다른 모습이다.

그런 어머니를 바라보는 샤샤가 놀란다.

잠옷을 받아 들고 방으로 돌아왔다. 방문 앞에 와서야 나는 가슴이 덜컹 내려앉았다. 방문이 자물쇠로 잠겨 있었다. 그녀가 방문을 미리 잠근 뒤 부엌으로 온 모양이다. 샤샤의 말대로라면, 나는 이 잠옷을 입고 안방에 있는 침대에서 자야 한다. 이게 상황극이라면 한 번쯤 이해해 줄 수도 있으나 죽은 그녀의 남편 옷이라니까 기분이 묘하다. 이 집에서 나가든지, 그녀를 속이며 함께 지내든지 결정해야 한다. 그러면서도 끌려 들어가는 이 묘한 기분이 썩 유쾌하지가 않다. 아까 본 그녀의 웃음이 마음에 걸린다.

"선생님, 죄송해요. 어머니를 설득해 보겠습니다."

"아뇨, 그냥 두세요. 내가 안방에서 잘게요."

"정말이세요?"

샤샤의 표정이 갑자기 밝아진다. 나는 처음부터 샤샤를 기쁘게 해주고 싶었는지도 모른다. 샤샤를 옥죄고 있는 그 음울한 굴레를 벗겨주고 싶었다. 나는 망설이지 않고 "예스!"했다.

"어머니는 제가 모시고 자겠습니다. 정말 고맙습니다. 사실 어머니는 이 잠옷을 입고 있는 모습을 보면 가장 행복해합니다."

이튿날, 잠에서 깬 나는 소스라치게 놀랐다. 샤샤의 어머니가 안방에 들어와 자고 있었다. 나는 침대에서 잤고, 그녀는 바닥에 모로 누워 새우등을 한 채 자고 있다. 혹시 무슨 일이 있었던 건 아닐까, 엉뚱한 상상을 하며 나는 황망히 내 몸과 내가 잔 잠자리를 살펴보았다. 얌전하게 잠옷을 잘 입고 있었으며, 침대 위도 어젯밤 잘 때 그 모습으로 잘 보존되어 있었다. 어떻게 할까, 잠시 망설이다가 그녀가 깨지 않도록 조심스럽게 내가 덮고 잔 이불을 그녀에게 덮어주었다. 그러고 나서 침대 모서리에 앉아 잠들어 있는 그녀를 바라보았다. 참 묘한 생각들이 영화처럼 머릿속을 지나간다. 그렇다. 이건 영화가 아니면 볼 수 없는 장면이다. 지금 내가 입고 있는 이 잠옷을 입은 그녀의 남편과 그녀는 내가 어젯밤 단잠을 잤던 이 침대에서 서로 사랑하며 행복하게 살았을 것이다. 언제 들어왔는지 모르지만, 어젯밤 그녀는 자기 남편의 잠옷을 입고 침대에서 곤히 자는 내 모습을 이렇게 지금 나처럼 혼자 바라보았을지 모른다. 그녀는 무슨 생각을 했을까.

그러고 있다가, 나는 조심스럽게 방문을 열고 밖으로 나왔다. 커피를 끓이려고 막 주방으로 가려는데 샤샤가 놀라 뛰쳐나왔다.

"어머니가 없어졌어요!"

샤샤의 남자 친구가 그랬던 것처럼, 나는 그녀를 향해 손가락을 내 입술에 가져가며 "쉿!" 했다. 영문을 알지 못하는 샤샤에게 나는 손으로 안방을 가리켰다. 지금 저기서 어머니가 자고 있다고 말해주었다. 샤샤가 자지러질 듯이 놀란다. 말문이 막혔는지, 벌어진 입을 손으로 가린다. 샤샤의 눈동자가 터질 듯 점점 커졌다.

샤샤는 무슨 생각을 했을까. 어머니의 무례에 대해 내게 미안해할까, 여느 여행자들처럼 체크아웃할까 봐 걱정하는 걸까. 아니면, 혹시라도 나와 자기 어머니가 하룻밤 풋사랑이라도 나눈 줄 오해하는 건 아닐까. 샤샤의 표정을 살피다가 오히려 내가 엉뚱한 상상을 하며 당황했다. 뭐라고 말해야 하나. 아무 일 없었다고? 그건 이상하다. 어머니의 그런 행동을 나는 잘 이해했으니 걱정하지 말라고 해야 할까.

혼자 그러고 있는 사이에 샤샤는 언제 갔는지 주방에서 커피를 끓이고 있었다. 일부러 내 시선을 피하려고 그런 것 같다. 커피 물이 끓을 동안 샤샤는 고개를 숙인 채 포트만 뚫어질 듯이 내려다보고 있었다. 나는 샤샤에게 말을 걸 수 없었다. 그렇다고 이대로 방으로 들어갈 수도 없었다. 나는 그 자리에 얼어붙은 듯 서 있었다. 뭐라고 설명할 수 없는 묘한 분위기다. 닫을 수도 열 수도 없는, 전혀 손쓸 수 없는 틀에 갇혀 버렸다.

샤샤는 커피 한 잔을 타들고 와서 내게 주고는 말없이 자기 방으로 들어가 버렸다. 커피잔을 내게 건네주기 전에 샤샤가 망설이듯 잠시 머뭇거린 건 무슨 의미일까. 샤샤가 내게 처음으로 커피를 타 주었다. 이미 방으로 들어가 버린 샤샤의 뒷모습을 정지화면으로 바라보다가 나는 안방으로 들어왔다.

침대 모서리에 걸터앉아 커피를 다 마실 때까지 샤샤의 어머니는 잠에서 깨지 않았다. 자기 방으로 돌아가던 샤샤의 뒷모습이 자꾸만 내 눈에 밟혔다. 아무래도 샤샤가 오해한 것 같았다.

다시 밖으로 나와 샤샤의 방으로 갔다. 문 앞에서 노크하려다 말고 나는 멈칫했다. 이 행동 또한 어색하다. 이럴 필요가 없는데도 이렇게 행동이 앞서는 이유가 뭘까. 그때 방 안에서 마치 보고 있었던 듯 샤샤가 "들어오세요" 한다.

방안은 매우 간결했다. 방 안쪽에 싱글 침대가 있고, 창문 아래 작은 책상이 놓여있다. 책상 위에 몇 권의 책과 화장품 등이 있는 것으로 보아 책상 겸 화장대로 사용하는 듯하다. 책상 위 한쪽에 세워둔 작은 사진액자 2개가 눈에 들어왔다. 하나는 가족사진이고, 하나는 남자 혼자 찍은 사진이다. 샤샤가 나를 의식했는지 남자 혼자 찍은 사진 액자를 슬그머니 돌려놓는다.

샤샤가 침대 한쪽을 가리키며 앉으라고 했지만, 나는 그대로 서 있었다. 잠시 어색한 시간이 지난 뒤 나는 샤샤에게 물었다.

"혹시… 오해한 건 아니죠?"

샤샤가 나를 빤히 올려다본다. 그러고 있다가 조심스럽게 말했다.

"그랬으면… 좋겠어요."

"?"

의외의 대답에 당황했으나 나는 샤샤의 말을 정확하게 이해하지는 못했다. "그랬으면… 좋겠어요." 무슨 뜻일까. 재빨리 많은 생각을 했다. 그러다 나는 소스라치게 놀랐다. 설마 아니겠지. 나는 샤샤에게 다시 물었다.

"내가… 불편해요?"

샤샤는 말없이 고개를 저었다. 그러고는 고개를 숙인 채 말했다. 이런 일은 처음이라고 했다. 어머니가 손님 방에 들어가 잔 적은 지금까지 한 번도 없었다는 것이다. 아무래도 내가 어머니에게 정말로 아버지로 보인 것 같다고 했다. 내전 종식 이후 어제저녁에 처음으로 어머니의 웃음을 보았다며 샤샤는 살짝 미소를 지었다. 어머니가 겨우 붙들었을 그 행복을 잃을까 봐 두렵다며, 샤샤는 나를 빤히 올려다본다.

아무래도 난 오늘 이 집을 떠나야 할 것 같다. 이 가족을 돕기 위해 계속 머물고 싶었으나, 나는 내 가슴에 장미를 키울 용기가 없

특별기고 · 소설

었다. 샤샤를 바라보았다. 시선이 마주치자 마치 기타 줄이 튕기듯 "팅!"하고 머릿속을 울린다. 젖어 있는 샤샤의 눈동자에 '사라예보의 장미' 한 송이가 피어 있었다. 어제 본 '사라예보의 장미'보다 더 붉고 진하다.

나는 조용히 돌아서서 샤샤의 방을 나왔다.

김호운

소설가, 수필가. 1978년 『월간문학』 신인작품상 소설부문에 당선, 2021년 『리더스에세이』 여름호 수필 등단. 장편소설 『님은 침묵하지 않았다』(전2권) 등, 소설집 『사라예보의 장미』 등, 콩트집 『궁합이 맞습니다』(전2권) 등, 에세이집 『연꽃 미소』, 인문학 저서 『소설학림』, 칼럼집 『나비를 잡는 아이의 마음』 등 작품집 30여 권 출간. 한국소설문학상, 녹색문학상, PEN문학상, 대한민국예술문화대상, 리더스에세이문학대상 수상, 문화체육관광부장관 표창. 문체부 문학진흥정책 위원, 한국소설가협회 이사장 역임. 현재 국립한국문학관 자문위원, 한국문인협회 이사장.

시 · 동시 · 동시조

시　김명성
　　김지낭
　　박경옥
　　박인애
　　백수길
　　이혜선
　　임태성
　　정승호

동시　방정웅
　　　정승호
　　　최기창

동시조　김정숙

시

새벽을 여는 소리

김명성

동이 튼다
하루를 밝히는 단하(丹霞)
시작을 맞이하는 만물의 기운
동녘 하늘이 열리는
중후(重厚)하고 웅장한 소리
새벽의 연속이 영원(永遠)이다

아래로만 흐르는 시냇물 소리
뜬구름 두둥실 침묵의 소리
자웅을 지우며 흘러간다

숲은 금수(禽獸)의 놀이터요 삶터
뭇 생명들의 삶을 찬미하는 소리

그린벨트 사이로 닦아 놓은 산책로
토끼도 깡충깡충 벌레들도 시음시음
어딜 가는지 분주하다
늙정이도 기를 쓰고 몸을 추스른다
새소리 요란하고 물소리 졸졸거리고

저 멀리 개 짖는 소리
새벽을 여는 소리 영원하리라

시 　꼴

본시 텅 빈 공간(空間)인 것을
어느 자리에 티끌 육신 살어리
형상을 갖춘 것은
허물어져야 하는 것

수리와 부리와 발톱에
들짐승은 비명을 지르고

한라는 백담에서 청수를 흘리고
백두는 천지에서 영원수를 머금었다
꼴을 가진 것은 꼴값하느라 난체하지만
아 허망(虛妄)이로다

지극히 거대한 것은 밖이 없고
지극히 미세(微細)한 것은 안이 없다네
깊고 오묘한 꼴의 진리

단색(丹色) 아침노을, 단하(丹霞)
무생(無生)의 생명을 빛에 실어

솟구치는 핏빛 생(生)의 순수도
소멸의 황홀한 신비를 맞이한다

청잣빛 창공(蒼空)의 공터
여라의(女蘿衣)에 죄를 숨긴
비구니 사연
해탈을 읊조리며
염주 알 만지작거리고
속세에 묻혀 사는 다 삭은 늙정이
삼광(三光)에 두 손을 모으건만
화무십일홍이요
달도 차면 이지러진다

꼴의 생멸(生滅)과 소장(消長)의 신비함이여

시

비린내

새벽길 지저귀는 새들의 소리
숲속에 비릿한 수풀의 내음
연못가 비릿한 물 내음

새소리 조잘조잘
허기진 배를 채울 울음
먹이를 포획해서 요기하고

싹이 트고, 잎이 피고, 꽃이 피는 향기
싱그러운 생의 기운 너울거린다

물에 사는 생물들의 삶의 내음
살고 있다는 건 피가 끓는다는 것
비릿하고 풋풋한 생동의 에너지

생멸을 이어가는 먹이 사슬
비린내 나는 생존…

땅을 두고 하늘로 갈까

팥배나무

배나무에 봄볕이 드니
소담하고 화사한 이화(梨花)
볼수록 절경일세
가지가지 내린 화신(花神)
백설같은 흰나비야
소복단장(素服丹粧) 곱게 하고
오는 봄을 맞이하네

봄기운 흥겨워서 추위도 잊었는가
이웃에 사는 낙엽수(落葉樹)들
잎도 채 피기 전에 희어서
화려한 공작새 꼬리 같은
팥배나무 흰 꽃이여
뱁새도 지저귀고 벌들도 분주하다

순결하고 소담한 이화(梨花)꽃 지고 나면
그래도 배나무라고 당리(棠梨)라는
팥알만 한 배들이
앙증맞게 배를 닮아 수없이 열린다

시

〈
연(軟)노랑 햇 이파리 노랑나비 흰나비
둥실둥실 춤을 추며 조춘(早春)을 맞이한다

김명성
아호, 천서(泉瑞). 경남 창원 출생. 달라스한인문학회 회원.

시는 고양이처럼

김지낭

살짝 안으면
스프링처럼 통통 도망가 버리고
모른 척하면 반짝
작은 얼굴로 비비적거린다

내 삶에
이런 즐거움도 주서서
아웅다웅 시와 만나기 시작했다

오랜만에 만난 시는
고양이처럼 자유로워서
나도 모른 척
새침하게 대하기도 하고
귀여워
뽀뽀뽀 하기도 한다

시가 종교였을 때는
그렇게 난폭하게 끝으로 몰더니
이젠 말랑한 앞발로 다가와

시

사랑한다 속삭인다

그래도 너를 알아
그냥 서로 자유롭게 동거하기로

곁에 두어도 될까

시가 일상을 침범한다
하루의 문제들 사이에 끼어든다
사랑해달라 보채며
영혼의 몫을 요구한다

내 마음의 주인이 있어
살짝 밀어버리면
뽀로통한 입술을 하는 시
이런, 누굴 마음에 들인 것인가?

신이 만든 경계는 아름답더라
넘어가 보아도 남는 것은
허무함과 고통이더라
단호하게 말한다

반달눈 살짝 감으며
고개 돌리는 시

호시탐탐 노리겠구나, 너는!

시

사티로스와의 대화

염소 다리를 한 소년 사티로스˙
뿔 달린 작은 머리 흔들며
앙증맞게 묻는다

너, 피리 좀 불 줄 아니?

피리 부는 소년의 연주에
검은 실루엣의 사람들
줄지어 걸어간다

그림자극처럼
절벽으로
절벽 앞으로
떨어진다
추락한다
행방을 찾을 수 없다
길 잃은 하멜른˙˙의 아이들

선택으로 주어졌다

〈
디오니소스의 제자 니체는
성인보다는
사티로스가 되겠다고 한다

나는
피 흘리는 염소 머리를
사랑하는 이에게!

* 사티로스: 그리스 신화 속 반인반수, 상체는 인간이며 하반신은 염소. 술의 신 디오니소스의 시종.

** 하멜른: 그림 형제의 동화 『하멜른의 피리 부는 사나이』에 나오는 독일의 도시.

시

시의 길

접힌 날개들
빛처럼 하얗게 불타는
스랍

가슴을 펴고
광대한 날개를 열면
신비로운 깃털들
바다처럼 펼쳐진다

흰옷 소맷자락
바람에 미끄러지듯
찬무를 추면

흐르게 두어라
시는 갈 길을 알아
미의 근원을 향해
흐른다

집을 찾아가듯

김지낭

현 University of Texas, Arlington 영문과 강의 전담 교수 (Full-Time Lecturer). Texas A&M University 영문학 박사, Transnational Asian(Korean) Literature and Culture 전공, 한국외국어대학교 영어, 불어과 학사, 영문과 석사. Houston Christian University, Lone Star College, Texas A&M University, 한국외국어대학교, 동국여자대학교 출강. 번역가. Guy de Maupassant's 「Le Horla」, Wole Soyinka's 『The Lion and the Jewel』 한국어로 번역출판, 영어 학술 논문 출판. 『미주문학』 시부문 신인상. 미주한국문인협회, 달라스한인문학회 회원. jinangk@gmail.com.

시

눈물 꽃 야생화

박경옥

보라 물감을 머리에
왕관 장식을 하고
노란 물결 앙증맞은 작고 여린 꽃들
파티 속에

밝고 화사한 모습으로
스쳐 지나가는
나그네마저도
하늘거리는 춤추는 연회장에
발길을 돌려
하루의 지친 심신을
화사한 미소에 녹아내리고

거칠고 강한 바람
땅을 불바다로 만들 정도의 태양과
땅끝 밑바닥의 진국들과
적군과 아군이 되어
가족과 남이 되어
〈

모든 풍파 속에
끈질긴 생명력으로
아름다운 눈물 꽃을 선사하고

우리의 인생사도
자연의 법칙과 비슷한 것
화사하고 밝은 세상을 야생화같이…

시

시간을 타고 흐르는 여정

불꽃과 환상이
온몸을 불태우며
어깨를 나란히 맞대고
어둠을 헤쳐 길을 걷고

길 속에 숨어있는
환상과 착각들을
헤쳐 나가고
가끔은 싸움도 하고
서로를 이해하지 못해도

함께라는 이름을 위해
불꽃처럼 타 오르는
영원한 사랑을 위해 싸웠다

마주하는 어려움은 더욱 강해져
영원한 길을 찾기 위해
함께 달린다
〈

생각과 사고의 갈림길에서
오해보다 이해를
깊은 상처에 피투성이가 되어도
서로를 지탱하며
사랑의 빛을 따라

삶은 오늘도
쉬지 않고 미래로 걸어간다

시

시간의 여정 속에 두 개의 영혼

같이 흘러온 세월의 알콩달콩이
그저 흐릿한 그림자로
잡으려 아무리, 아무리 애를 써도
머릿속에 그림만 그리고,
엇갈리는 생각은
교차점을 찾지 못하고

서로가…
서로가…
다른 방향의 키로
배는 끊임없이 허우적거리고
뼛속 깊이를 파헤쳐
춤추는 파도 물결보다
더…더… 강하게
심장을 후려치고

시작이 있을 때
장미가
이젠 가시로

생각을 잠재우고

빨갛고 도톰한 입술은
문을 슬며시 열어 보지만
두려움이 길을 막아 버리네
서글픔이
억울함이
답답함이…
태산을 안고 산 세월
이젠 길 문이 막혀 버리나…

침묵은 시간을 잡아먹고
이 저물어 가는 나이인데
꿈틀거리고
용솟음치는 불길을
포기할 수 없어

하나를 잃고
하나를 얻어야 하는

시

걸어 보지 못한 길이
악몽이란 걸 알아도
존재의 정체성은
인생의 마지막 발악이란 걸
알까? 모를까?
변화를
해방을
타협을

어떤 방식으로
새로운 길을 걸어가
나에게 주어진
나의 긴 시간 여정은
계속 흘러가네

언젠간 함께라는 이름으로 설
그날의 희망을
오늘도 꿈꾸는 천사로
긴 시간의 여정을 그린다

저물어 가는 아름다움

꽃잎이 하늘에서 비를 뿌리면
짙은 향기로 마지막 입맞춤을
이생의 끝 화려한 장식

붉고 붉은 꽃 속에 노을빛 스며들어
저물어 가는 저녁이 점점 깊어 가고
내 마음도 스르륵 가을로 깊어 가네

긴 터널 속에
갇혀 있던 갈 곳 없는 추억 기차
하나… 둘…
슬픔으로
마음 깊은 곳을
감싸안아 주네

길모퉁이에서 서성이는
갈 곳 없는 나그네의
홀로 외로움과 고독을 안고
〈

시

늙어가는 서러움에
가을 산 아래 그늘이 드리워지면

내 안에 빛나는 아름다움을 깨달아
생의 연륜이
삶의 빛으로 찬란하게 피어나리

박경옥

달라스한인문학회 회원. kolove0303@gmail.com.

휴대전화에 묻다

박인애

하릴없이 그리워
잠금을 해제하고 이정표를 따라 걷는다
전화 → 연락처 → 검색
네게로 가는 길에 유턴은 없다
이름 석 자에 열리는 너라는 세상

영정(影幀)이 된 프로필 사진
네 시간은 멈춰서 그대로인데
나는 거뭇거뭇 삭어어가고
네 계절은 초지일관 단풍색인데
나의 계절은 몇 바퀴를 돌아도 여전히 무채색이다
살아 있으나 사는 게 아닌 벌
지리멸렬하다

취객처럼 널브러져 중얼거린다
매일 묻는 내가 귀찮진 않은지
액정 속에 갇혀 밉진 않은지
문자 메시지엔 왜 답이 없는지
그래서 이젠 자유한지

시

〈

저장된 번호를 줄 세우고
인연인 척 위장했던 세입자 방을 비운다
A→Z→ㄱ→ㅎ
억지로 꿰어지는 인연이 있을까
촘촘했던 생각이 한 뼘 뒤로 길을 낸다

해가 바뀌어도 지우지 못한 이름
유골함 없는 납골당에
오늘도 하루치 슬픔을 묻는다

21세기 낙엽은 추풍(秋風)에만 떨어지지 않는다

강풍을 제대로 맞은 차가 치를 떨었다
핸들과 손아귀 액셀과 오른쪽 발끝이
한 몸처럼 오그라들었다

허리를 뒤틀며 멀미를 참았던 가로수들이
도로에 낙엽을 쏟아냈다
처음 느껴본 뿌리의 통증
근본 잃은 자의 설움처럼 슬픔이 없었다

고가의 차가 속도를 높이며 끼어들었다
목전에서 도로변에 쌓인 낙엽 더미가 솟아올랐다
철없는 무리는 바퀴에 빌붙어 환호하며 뛰었고
속없는 무리는 공중 부양하다 참혹하게 떨어졌고
노쇠한 무리는 나동그라진 채 바닥에 뒹굴었다

높은 데서 호시절을 누리던 나뭇잎이
나락으로 떨어졌다
뉴스에선 코너에 몰려 스스로 생을 마감한
낙엽의 추락 일지를 앞다투어 보도했다
자극적인 기사 파헤쳐진 사생활
사지로 내몰았던 혀들이 꼬리를 내렸다

시

사흘이 아니라 죽어야 사라지는 흉

나뭇잎은 제 몸에 지도를 새긴다
전자지도에도 없는 길을 내고
잎맥에 수혈하며 성공을 꿈꾸는 거다
산다는 것도
막힌 세상에 길 하나 내는 일이다
아무도 이해 못 할 지도 한 장 품고
바람과 맞짱 뜨는 일이다

낙엽이 지는 계절은 따로 없다
밀려서 떨어진 건 죄가 아니다

박인애

경희사이버대학교 미디어문예창작과 졸업.『문예사조』시부문,『에세이문예』수필부문 신인상. 달라스한인문학회 회장 역임. 미주한국문인협회 이사. 한국문인협회 해외문학발전위원회 위원. 한국디카시인협회 텍사스지부장. 문예지 편집국장.《LA 한국일보》,《KTN》칼럼니스트. 수필 강사. 해외한국문학상, 정지용해외문학상 외 수상. 에세이집『인애, 마법의 꽃을 만나다』, 시집『말은 말을 삼키고 말은 말을 그리고』편역, 6·25 전쟁수기집『집으로』외 출간.

성불

백수길

대문 밖
목탁 치는 소리에
가만히 내다보니
스님 한 명 서 있다가
"시주하시고 성불하십시오" 한다
만원짜리 한 장 조용히 내밀며
"불행하게도 벌써 성불했습니다" 하니
내민 돈 집어넣으며
"어찌 성불하셨다며 불행하다 하십니까" 묻는다
"성-불-구입니다, 그러니 불행한 거 아닙니까"
아하 그러시군요 하면서
"비아그라라는 약이 있다고 들었는데 한번 써 보시면 어떨지요" 한다
"그런 게 있어요? 한 번에 몇 알이나 먹어야 할까요"
"한 알 정도 먹으면 되겠지만 안되면 두 알이나 세 알도 먹어야겠지요"
"혹시, 먹어보셨나요"
"아니 많이 먹고 서서 죽은 놈은 압니다" 하며 떠난다
내 나이 90에 이런 희소식이 있다니

시

만원값은 하고 가네, 그려
그런데 어디서 사는지 알려나 주고 가지

부르는 소리

누가 날 부르는 소리
이젠 듣기 어렵네
전화벨 소리도
문자음 소음에
밀려나는 이 세태
예전엔
이장댁 스피커 소리
모두 귀 기울이고
간혹
서울 간 딸들이 전화를 걸면
"명순이 엄마, 명순이 전화요" 외치면
그 소리 듣자마자
우사인 볼트보다
빠른 속도로 내달려 뛰던
시골 아줌마 단거리 질주
시외전화 비쌌기에 일 초가 급했지
박정희는 그 실력을 왜 못 알아봤나
올림픽 보냈으면 금도 땄을 텐데
그러나 이젠

시

인간이 변해버린 시대에 살고 있고
정스런 시골 마을 어디에도 없지만
아직도 난
내 이름 부르는 소리 듣고 싶어서
아무도 없는 대문밖에
귀 기울여 가만히 들어본다
날 부르는 소리

백수길

부산 출생. 파주에서 성장. 워싱턴주 Eastern Washington University 졸업. 계간지 『불교문예』 2009년 여름호 수필 「까치밥」 발표. 달라스한인문학회 회원. 시집 『섞인 사람들』.

공룡의 계곡

이혜선

몇백억 년의 세월을 훑고 있는 강
흐르는 플러시 물길 아래
남아있는 공룡 발자국

거대한 삶의 흔적
그 무게에 눌려
남겨진 발자국

여러 마리 종종 달아간
참새 발바닥 닮은 자국
한 마리 성큼성큼 걸어간
오리 발바닥 문양 자국
다리미로 꾹꾹 눌러놓은 듯한 자국도
바위에 이리저리 새겨져 있다

거대한 발바닥 주인들이
진흙 바닥을 건너게 한 것은
먹이였을까
위험이었을까

시

아니면 집단 이주였을까

멸종의 소식을 모르던
그들이 치열하게 살았던 흔적은
강가에 낭만으로만 남았다

텃밭

돌보지 못한 삼 년에
농부의 의지 사라지고
흠뻑 자연만 남았다

야생풀에 촘촘히 뒤덮여 사라진 텃밭
한때는 이 공간이
두 할머니의 사랑으로
틈마다 빽빽이 먹을 것들을 산출하여
풍성한 자연의 식탁을
책임지던 때가 있었다

젊은이만 남은 공간은
모기가 무서워, 햇볕이 뜨거워
돌보지 않는 땅이 되었고
무자비한 자연은
한 뼘의 흙바닥도 남기지 않고
자연으로 덮어버렸다

땀 흘려 흙 고르고

시

매일 물 주고
쉬지 않고 잡초 뽑아내야만
드러나는 농부의 의지

늦은 봄
이제부터라도 텃밭 다듬어
자연 거슬려서
농부의 의지를 뿌리고 가꾸어 보려 한다
자연의 식탁을 찾으려 한다

이젠 솔직해질 수 있을까

식당에 들어서며
아무것도 먹고 싶지 않다던 노모
설렁탕 한 사발에 밥 한 공기, 만두 세 점까지
아주 만족한 아침을 드셨다

닭고기 물렁뼈가 아주 맛있다며
뼛속까지 빨아 드시고
잘 먹었다고 하시던
반백 년 견뎌낸 엄마로의 세월 후
이제는 닭 속살도 맛나게 드신다

아이들 입에만 들어가던 고기를
생선회를 양껏 드셔도 되는 시절
맛있는 것만 드시고
건강하기만 하면 되는
구십 네 살의 엄마

남은 시간
아이들 걱정 내려놓고

시 |

가장 솔직한 세월을 사시길
기도합니다

땅과 하늘의 경계가 무너지는가

화 가득한 잔소리보다 더 요란한 하늘
들이붓는 물기둥
노아가 생각나는 밤이다
요란히 울리는
돌풍 경계 사이렌
숨을 곳은 없다

천둥소리 삼키는
회오리바람의 언저리
혹여
빽빽한 기차 소리로 오진 않을까
잠 못 이루고 있다

전기와 인터넷 끊겨 소식 막막한
뉴스도 뚫지 못하는
여기가
삶과 죽음의 경계인가

하늘이 요란타

시

이혜선

1960년생. 1978년 도미. 23년 경력 수학 교사. 북텍사스호남 향우회 주최 5·18광주민주화운동 기념 백일장 대회 시부문 입상. 달라스한인문학회 회원. 『서울문학인』 시부문 신인상.

오늘은 무슨 꽃이 필요한지

임태성

그런 목소리는 익숙합니다
아주 슬픈 목소리이지요
먼 거리에서 당신을 보았어요
당신은 꽃다발이 필요한 것 같습니다
당신에게 오늘 무슨 날일까
궁금합니다
이번 봄에는 꽃이 피지 않는다는데
괜찮은가요?
봄날씨치고 이상합니다
비가 많이 옵니다
아주 작은 짐승이 태어나는 것처럼
매일 어둡고 비릿합니다
그러나 나는 깨어있으려고 합니다
언젠가는 깨끗한 바람이 한 번쯤 불 겁니다
이 꽃다발을 받으세요
당신은 후회가 너무 많습니다
즐기세요
이 꽃다발을 사소한 기도처럼 생각하세요

시

우리는 사랑해서가 아니라
덜 젖기 위해서 사는 겁니다

퇴근길

늘 혼자
이 언덕길을 올라갔지
오늘도 힘들었지만
그러나 괜찮았어

어떤 말은 고통스러웠지
그러나 견딜 수 있었어
하루 양식을 구하는 것은 성스러운 일이니까
마을 앞 어두운 버스 정류장에 내릴 때
오늘도 마중 나와주는 사람이 하나도 없으니
조금 서럽더군
몇십 년을 혼자 지키는 구멍가게 노인이
"오늘은 늦었군, 이제 퇴근하시나"라고 물어보는데
뜨거운 것이 울컥 올라온다
어머니는 달동네 쪽방에서 혼자 돌아가셨다
사람들에게 필요한 것은 따듯한 한마디
마중물일 텐데
나는 어머니에게 아무 말도 해드리지 못했다
멀고 외로운 저승길을 무슨 힘으로 가셨을까

시

달동네는 달이 뜬다고 달동네일까
아니면 달이 진다고 달동네일까
그래도 사람들은 살아간다
달처럼 한껏 둥글었다가 스러졌다가
한껏 폈다가 주름이 졌다가
밝다가 희미하다가

산행

오늘은 오랜만에
산행을 나섰습니다
생각은 하지 않으려고
당신과 당신 아닌 사람들
생각은 하지 않으려고
하지만 스쳐 간 얼굴들이
아침 풀잎에 오히려 더 반짝입니다
끊임없는 생각으로
오늘도 용맹정진은 어렵습니다

꽃이 피기 전에는
추워서 힘들고
꽃이 피기 시작하면
마음이 분주해져서 어렵고
언제나 게으름입니다
아무리 일찍 서둔다 해도
사람들이 벌써
저만큼씩 붉은 배낭을 메고
아침 산을 오르고 있습니다

시

먼동 트이는 곳이
아주 밝고 명랑합니다

그늘진 계곡의 하얀 눈은
아직 녹지 않았습니다
툭 툭
나뭇가지 부러지는 소리
작은 새 울음소리
발자국 미끄러지는 소리
조용한 것은
오직 그것뿐입니다
기억되는 얼굴들
마음을 두지 않기로 했습니다

용맹정진은 참으로 어렵습니다

상갓집 국화와 밥

기다리는 것은
아주 오래 머뭇거리다가 온다
후드득후드득
가까스로 몇 방울의 비
마른 흙먼지 냄새가 매꼼하다

떠나는 것은
아주 오래 울다가 간다
우르릉우르릉
가까스로 몇 번의 천둥소리
마른하늘에 번개가 번쩍인다
아무렇게나 피는 꽃에도
사연이 있다

누군가의 상갓집
마지막 국화꽃 한 송이
영전에 바치고
서둘러 소주와 밥을 먹는다
눈부신 하얀 꽃이 다 무슨 소용일까

시

돌아가신 분보다
내가 더 슬퍼진다
시뻘건 육개장을 먹는 나
참 열심히 사는구나,
도대체 살아 있기는 한 걸까

나는

임태성

1958년 서울 출생. 한국외국어대학 영어과 졸업. 2007년 도미. 제8회 『미주가톨릭문학』 시부문 신인상, '2024 북한 동포에게 편지쓰기 대회' 최우수상 수상. 달라스한인문학회 부회장.

시를 쓴다는 것은

정승호

시를 쓴다는 것은
헤아릴 수 없는 밤을 지새우고
눈물과 좌절이 공존하는
공허한 수많은 시간을 견뎌내야 하는 일이다

옛 시인은 시가 잘 쓰여서 부끄럽다는데,
나는 시가 잘 써지지 않는데도 부끄럽다

내 삶은 시처럼
누군가에게 위로를 주고 희망을 준 적이 있었나

시를 쓴다는 것은
나를 버리는 일이다

나를 버리는 일은
또 다른 자아를 만들어 내지만
그것마저 지워내야 하는
순전하고 순백하고 순수한 일이다

눈 오는 날

시

빙판 위에 무참히 부서져야
누군가에게 길을 내주는 저 연탄처럼

나의 시를 통해
처참히 부서진 누군가의 삶에
작은 희망의 길이라도 보여줬었나

누구나 가슴에
시 한 편은 있다고 하지만,
아무나 그 시를 세상에 꺼내놓지는 않는다

나는 그 시를 꺼내기에 여전히 부끄럽고
어딘가에 숨고 싶지만
시를 쓰고 싶은 마음이 기어코 꺾이지 않는 나는
슬며시 빈 종이에 한 줄의 시를 토해낸다

그래도 그것이
어쩌면 누군가에게
위로와 희망이 되기를 바라는 마음일 것이다

지나고 보면 아무것도 아니다

사랑하는 이와 헤어지고
불 꺼진 방구석에서 울고 있는 너에게

오랫동안 준비하고 기대하던 일들이
하루아침에 망실(亡失)되어 버린 너에게

소소 바람 불어오는 어느 이른 봄날에
뜻하지 않게 큰 병마를 만난 너에게

네가 믿었던 사람들이
너와 다른 길을 걷고 있다는 것을 알게 된 너에게

이런 너에게 나는 말해주고 싶다
지나고 보면 아무것도 아니다

지금은 모든 것이 커 보여도
나중엔 모든 것이 작아 보인다

그러니

시

바람결에 모두 날려 보내고
너는 너만의 길을 가라

지나고 보면 아무것도 아니다

정승호

서울 출생. 서강대학교 언론대학원 석사 졸업(광고홍보학 전공). Arkansas State University 석사 졸업(저널리즘 전공). 제1회 달라스한인문학회 디카시 공모전 우수상 수상. 달라스한인문학회 회원.

기도할 때

동시

방정웅

엄마는 기도할 때
큰소리로 떼를 쓴다
우리 아들 낫게 해주세요
빨리 안 낫는다

할머니는 기도할 때
조곤조곤 낮게 말한다
우리 손자 낫게 해주세요
금방 낫는다

동시

고향 나라

엄마는 금산
아빠는 봉천
고향 나라가 다르다

할머니는 영변
할아버지는 박천
북한이 고향 나라

형은 서울
나는 달라스
멀리 떨어진 고향 나라

모두 고향이 달라도
마음의 고향은 같다

하늘 망원경

비행기 타고 하늘에 올라
별나라를 찾는다
구름 위에 하늘 그 위에 또 하늘
하늘은 멀다

어젯밤에는
하늘 망원경 가지고
달나라 가서
별나라를 찾았다
너무 좋아 소리치다
깨어보니 꿈이었다

동시

눈이 내린다

올겨울은 따뜻해서
눈을 못 보는 줄 알았다
어제부터 날이 흐리고
날씨가 영하로 내려가고
비가 조금씩 온다고 했다

아침에 창밖으로
흰 눈이 보인다
나뭇가지에도
자동차 위에도
잔디밭에도
안뜰의 작은 나무 위에도
갈색 이파리가 흰 눈 옷을 입고
빨간 열매가 흰 모자를 쓰고 있다

강아지는
눈이 신기한지 깡충깡충 뛰고
마당을 빙빙 돌며 달린다
회색 하늘에서 내려오는 눈이

많지는 않지만 계속 날아내린다

이렇게 눈이 오면
펑펑 내리는 눈을 맞으며
시골길을 달려가 마지막을 보내 드린
할머니 생각이 난다

방정웅

교육학 박사. 전 포트워스 교육청 장학사. 2014년 아동문예 문학상 수상. 한국아동문예작가회, 미주한국아동문학가협회 회원. 달라스한인문학회 회장 역임. 저서『새싹 한글』,『가스펠 한국어』.

햇빛 사냥

정승호

파란 하늘 하얀 구름 사이로 여전히 내리쬐는
햇빛을 나는 없애야 한다

메마르고 갈라진 땅 틈 사이로 무수히 피어오르는
우리 엄마 아빠 한숨 소리와 탄식 소리

이젠 그만 햇빛을 거둬가고 먹구름이 몰려와
단비 같은 비가 오기를 수백 번 빌었건만

그래, 내가 해야겠다
나는 오늘 뒷마당 창고에 고이 간직한
활과 화살을 둘러메고 길을 나선다

한쪽 눈을 지그시 감고, 숨이 멎은 듯한 침묵 속에
해를 향해 활시위를 당긴다

화살촉 끝에 반짝이는 햇빛에 나머지 내 눈이 멀어가도
나는 저놈을 기어코 잡아야겠다

사랑하는 우리 엄마, 아빠를 위해

새 똥

전깃줄에 한가롭게
새들이 조잘거리며 앉아 있다

아이쿠!
오늘도 아빠 차는 새똥을 맞았다

나는 아빠 차 뒤에 앉아서
우리 아빠의 붉으락푸르락 얼굴을
싱글벙글 쳐다본다

아이쿠!
불쌍한 우리 아빠!

그리고
나는 새들에게 소리쳐 말했다

"내 기저귀를 빌려줄까?"

동시

정승호

서울 출생. 서강대학교 언론대학원 석사 졸업(광고홍보학 전공). Arkansas State University 석사 졸업(저널리즘 전공). 제1회 달라스한인문학회 디카시 공모전 우수상 수상. 달라스한인문학회 회원.

그네

최기창

나는 늘 흔들렸다
구르고 굴러 한껏 올랐다가도
이내 무릎을 접었다

허공에 매달려
넓은 세상 꿈꾸었지만
늘 제자리로 돌아왔다

물러설 줄 알아야
앞으로 나아간다던 아빠 말씀에
다시 힘차게 치솟아 본다

동시

사이다

컵에 담긴 송사리들
답답하나 보다
오르락내리락
제 살던 곳으로 가고 싶어
쉼 없이 톡톡 튄다
엄마 몰래 슬그머니
시원한 냇물에
놓아주고 싶다

숲속 어부

거미 강태공
넓은 그물 펼쳐놓고 낚시 중이다
흔들리는 나뭇잎 배
그물망 가득 고기 떼 펄떡인다
어부의 어깨가 부산하다

동시

알람

맞춘 적도 없는데
여섯 시면 자동으로 울리는 알람 소리
휘릭휘릭 휘리릭
우리 엄마라도 된 양
일어날 때까지 깨우는 저 새 소리
일 년 내내 고장도 없다
나는 이불을 뒤집어쓰며
귀를 꽉 막는다

최기창

광주 출생. 전직 초등학교 교사. 아동문예 문학상 수상, 『국제문예』 시 부문 신인상 입상. 한국아동문예작가회, 국제문예작가회, 달라스한인문학회 회원. 시집 『도로아이의 노래』, 동시집 『아흔여섯 개의 봄』.

이월의 건강검진

김정숙

남은 겨울바람 한 자락 구름 쓸어가면
옥빛 하늘엔 실가지 끝까지 뚜렷해요
옷 벗은 나무 엑스레이 찍고 있어요

뿌리가 든든한지 가지가 튼실한지
건들바람 된바람 돌개바람 흔들어요
여린 눈 싹 트기 전에 검사해야 잘 큰다고

동시조

동시조

봄 햇살 길어진 이유

뾰족하게 입술부터 내민 여린 복숭아
꽃 진자리 젖 달라고 보채는 아기 같아
찬바람 기어들까 봐 싸 안는 꽃술 강보

여린 잎 빛살 받으러 앞다투어 삐쭉 빼쭉
늦둥이 꽃망울 응원하는 벌 한 마리
햇살에 따슨빛 조금 더 비는 어미 마음

피는 잎 맺는 열매 막둥이 꽃도 살펴요
삼월의 복숭아나무는 다둥이 엄마
두세 뼘 길어진 햇살 담장 위에 앉았어요

싸운 게 아니야

이월은 서로 당기고 끌려가는
봄 겨울의 줄다리기 싸움판

어느새 환호성 소리 가득
풀싹, 잎눈, 아기 꽃잎
늦잠 꾸러 나뭇가지 빨리 새 옷 꺼내 입으라고
그래야 둥지 짓고 아기 새 키운다고
봄비도 깃털처럼 나무를 간질이고

아무도 찾지 않는 겨울이가
걱정스러운 아이

-봄아 겨울이가 네게 진 거니
-우린 교대로 춤추며 만남과 헤어짐 연습한 거야
-그러면 봄아 겨울이는 어디로 갔니
-해지는 나라에 겨울잠 재우러 갔단다

동시조

어미의 묵은 섬

시어머니 가신 지 마흔다섯 해
-첫애 가졌을 때는 아직 햇섬인 게야
애 둘, 셋 낳으면 지절로 묵은 섬이 되는 게지
묵은 섬에 나락이 더 들듯
어미는 품어야 할 게 많아진다는 말 아니겠니

밑동부터 속이 텅 빈 공원의 나무
늦가을 햇빛 한 자락 떠나자
마른 잎들 옹기종기, 기어드는 풀벌레
비워 낸 자리에 다시 든 생명
겉껍질만으로도 감싸주는 어미의 묵은 섬

김정숙

서울 출생. 『한국아동문학』 동시, 『한국아동문예』 문학상 동시조 당선. 한국아동문예작가회, 미주아동문학가협회, 달라스한인문학회 회원. 《KTN》 칼럼니스트. 동시조집 『이민학교 일학년』, 미주 아동문학 6인 작품집 『시간의 선물』.

수필

김 남
김추산
김희중
박인애
백경혜
백수길
서경희
오명자
이경철
정만진
지경민
최정임
함영옥

수필

광음여시(光陰如矢)

김 남

소녀 시절이 어제인 듯 아득한데, 청년기, 중년기, 장년기를 지나 어느새 노년기에 들어섰다. 방실방실 꽃처럼 웃던 그 시절에는 빨리 커서 어른이 되었으면 좋겠다고 생각했었다. 세월이 왜 그렇게도 느릿느릿 가던지 어린 마음에 답답하였다.

매일 아침, 잠에서 깨어나면 밤사이에 내 키가 얼마나 자랐는지 궁금하여 뽀얀 흙벽으로 달려갔다. 벽에 기대서서 흙벽을 손톱으로 깔쭉깔쭉 긁어 머리 위에 길게 줄을 그어 놓고 키 높이를 확인했던 추억이 마치 어제 일처럼 또렷하다. 무엇에 떠밀려 어느새 팔십 중반의 나루터까지 흘러온 건지 알다가도 모르겠다.

나이로 보나 모습으로 보나 노인이 분명한데, 내 안의 나는 노인이고 싶어 하지 않는 것 같다. 노인이라는 말이 왠지 낯설고 슬프다. 하지만, "세월이 쏜 화살 같다"라던 부모님의 말씀이 무슨 뜻인지 알 듯하고 절절히 실감도 하고 있다. 누군가 쏜 화살이 시공을 지나 내게 돌아와 박히는 느낌이다. '이제 나의 차례가 오는구나' 하는 생각이 들 때면 서운하고 두렵다. 경기 민요인 청춘가를 부르다 몇 구절 옮겨본다.

"무정세월아 가지를 말아라 장안의 호걸이 다 늙어 가노나
세월이 가기를 흐르는 물 같고 사람이 늙기는 바람결 같구나

천금을 주어도 세월은 못 사네 못 사는 세월을 허송을 말어라"

늙지 않고 예쁜 모습 그대로 돌아갈 수 있었으면 좋겠는데, 인간에게 주어진 천명이란 한계 때문에 그럴 수가 없다. 그 힘을 거역할 힘이 없음을 알면서도 부질없는 바람을 내려놓지 못한다. 팔십 장년, 구십 춘광, 백 세를 다 산다고 해도 돌아올 수 없는 청춘이 서럽고도 서럽다.

빨리 커서 어른이 되었으면 좋겠다던 생각은 싹 사라지고, 이젠 도로 아이 되었으면 좋겠다고 욕심을 부려본다. 고목의 나이테처럼 뱅글뱅글 예쁘게 줄무늬만 그려놓고 언제나 젊음뿐인 추억만 있다면 얼마나 좋을까!

바야흐로 백세시대가 도래하였다고 한다. 방송과 신문에서 종종 길어진 노년의 삶을 잘 살아내는 방법에 관해 이야기한다. 주위에 보면 건강한 노년을 위해 운동을 하고 몸에 좋은 음식을 먹으며 자기 관리를 하는 사람이 많아졌다. 이제는 보릿고개를 넘던 배고픈 시절이 아니어서 노인들 삶의 질도 높아졌다. 그런 걸 보고 있으면 나도 뭔가 해야 할 텐데 하는 생각에 조바심이 들곤 했다. 하루 앞도 알 수 없는 게 인생이라지만, 그게 두려워 아무것도 안 하고 살 수는 없는 일이다. 나이 들어가는 걸 한탄하고 우울해하고 서러워만 하기에는 쏜 화살과 같은 세월이 너무 아깝다. 그래서 요즘은 어떻게 살 건가에 관해 생각한다. 돌아보니 이민 와서 아이들 공부시키고 열심히 일하며 바쁘게 사느라 이 나이가 되도록 가보지 못한 곳이 많고, 못 먹어본 음식도 많고, 해보지 못한 일도 많았다.

지난번에 딸이 준비한 샌프란시스코 여행을 하며 참 좋았다. 금문교를 도보로 걷고 언덕길을 갈 때, 어릴 적 기차놀이 하듯 앞사람 어깨에 손을 올리고 걸으며 참 많이도 웃었다. 내 안에는 아직도 여섯 살 계집아이가 사는 것 같다. 다음 달엔 스페인, 그리스 등지로 여행을 데리고 간단다. 나는 소풍 전날의 아이처럼 그날이 오기를 기다리며 손꼽아 날짜를 센다. 스페인의 바르셀로나시에는 사그라다 파밀리아 대성당이 있다. 유명한 건축가 안토니 가우디가 설계한 성당인데, 1882년 짓기 시작해서 142년이 지난 지금까지도 공사 중이다. 가우디 사망 100주기인 2026년에 완공할 예정이라고 들었다. 나의 90살 생일에는 그 성당에서 미사를 드릴 수 있었으면 좋겠다는 소원을 품었었는데, 이번에 가보게 된다니 어찌 안 설레겠는가. 부모를 위해 이모저모로 애써주는 딸이 참 고맙다. 천금을 주어도 살 수 없는 세월 허송 말고, 값없이 선물 받은 하루를 소중히 여기며 살아야겠다. 먼 훗날 내가 걸어온 생을 돌아볼 때 후회가 없도록 말이다.

불평 한 줌 거두고 그 자리에 감사 한 줌 채우니 웃음이 그려진다.

손바닥 수필

1. 그리운 날의 단상

    생각 사로 세월 가는 것이 서럽고 서러워 어이 할거나
    잊고 버릴 날 없어 내 시를 묶어 춘골에 띄워 보내리

  스산하고 서늘한 바람이 가슴 가득 스며든다. 1974년 미국 올 때 가지고 온 앨범을 뒤적이다가 반세기 전 내 모습의 사진을 보게 되었다. 얼마나 푸르던지 이게 나였던가 하는 생각이 들었다.
  '나에게도 꽃답던 시절이 있었구나. 그 시절 그 모습은 어디로 가고 변해도 어찌 이렇게도 변했을까.'
  주저리주저리 읊조리다 내 모습이 서러워 펑펑 울었다.
  그때 그 시절이 내 인생에서 가장 머물고 싶었던 시절이었다. 돌이켜 찾을 수 없는 밀려간 세월, 눈을 감고 옛 벗들을 그려보니 정겨운 모습이 훤히 보이는 것 같았다. 어느 날 우연히 만난다면 달라진 나를 알아볼 수 있을까? 누군가 그리워서 말라가는 시심에 심지를 올려본다.

    천둥소리 번개 번쩍번쩍
    먹구름 몰려와

소나기 뿌리고 갔네

마당에 황토색 냄새 물씬물씬
손바닥에 낙숫물 받아 세수하며
까르르까르르

뒷골 뽕나무밭에
지천으로 열려 있는 오디 따먹고
파랗게 물든 혀 날름거리며
까르르까르르

안개 자욱한 하늘보다 더 높은
시커먼 뒷산 천둥 번개 치면
엄마 치맛자락에 얼굴 묻던
더할 수 없는 그리움에 젖는다

뒷골 뽕나무 지금도 버티고 있는지
마을 앞 냇물은 지금도 흐르고 있는지
눈 감고 있어도 훤히 보이는
그리움에 젖는다

2. 인생의 봄

…봄이 왔네 봄이 왔네 무궁화 이 강산 새봄이 왔네

방실방실 웃는 꽃들 우줄우줄 능수버들 비비배배 종달새며

졸졸 흐르는 물소리와 앞집에 수탉이 꼬끼요 울고 뒷집 삽

사리 컹컹 짖네

앞 논의 암소가 엄매 뒷뫼의 산꿩이 끼긱끼긱

물 이고 가는 큰애기 걸음 삼촌(三春)의 흥에 겨워

사뿐사뿐 아기장 아장 흐늘거리며 걸어가네…

어린 시절에 즐겨 부르던 창부타령을 흥얼거리다 보면 어느새 어깨가 들썩거린다. 우리 가락만큼 흥겨운 게 또 있을까?

봄이다. 봄은 정녕 희망의 계절인가! 무엇에 들뜬 듯 허둥지둥하고, 늙은이의 마음답지 않게 싱숭생숭하다. 노망인가. 나이가 많으면 젊었을 적의 번뇌를 해탈하고 마음이 온화해진다고 하였다. 하나, 그 '온화'라 함은 아마도 현재 무뎌진 감수성에 대한 위안의 말일 것이다. 노인은 적막하지만 평온하다고도 하였다. 하지만 그 평온함도 남에게 피해 주지 않고 평온해야 한다고 귀 닳도록 말씀하셨던 이웃집 할머니의 목소리가 생생하다.

손주며느리의 등에 업혀 마당 여행을 하는 할머니가 있다. 뱅글뱅글 다람쥐 쳇바퀴 돌 듯 마당을 뱅글뱅글 도는 할머니는 좋아서 마음이 평온한지 생글생글 웃지만, 새댁은 얼마나 힘이 들까 싶어서 너무나 안쓰럽다. 한참을 바라보고 있으려니 갑자기 그 할머니

가 미워졌다. 예로부터 새색시는 신분을 철저히 지켜 다홍치마에 꽃단장하고 아름다움을 한껏 뽐내는 시기인데 아이고, 어쩌나. 그 집 식구들은 매일 같이 밤늦게 돌아올 것이고 날마다 할머니를 업어 주어야 하니 불쌍해서 어찌할꼬.

누구나 그리 살지 않길 바랄 게다. 나 역시 누구에게도 피해 주지 않고 살고 싶다. 더 나이가 든 후에도 그랬으면 좋겠다. 가족과 이웃을 사랑하고 그들과 정을 나누며 의지하고 사는 노년이 되기를 기도한다. 푸성귀를 나누어도 족할 것이다. 텍사스의 뜨거운 햇살에도 굴하지 않고 쑥쑥 자라는 뒤뜰의 채소와 꽃들이 오늘따라 기특하다.

봄이라고 쓰고, 봄이라 읽으니 어느결에 봄이 스민다.

김 남

전통민요 전수자. 계간지 『미주문학』 시부문 신인상. 달라스 한인문학회 회원.

Warning!

김추산

요 며칠 이메일을 열 때마다 저장용량이 96%까지 찼다는 문구와 함께 '△'(Warning) 사인이 떴다. 저장 공간이 부족하니 메일을 계속 사용하려면 여유 공간을 확보하거나 추가 저장용량을 구매하라는 경고였다. 그새 또 용량이 찬 모양이다. 책 한 권 분량의 교정 파일이나 대용량 강의 파일이 오가다 보니 그런 현상이 생긴 것 같다. 최근 파일들을 지웠으나 경고 사인이 사라지질 않았다. 이참에 이메일 개설했던 때로 돌아가서 처음부터 비워 내려고 점검을 시작했다.

메일을 정리하다 눈길을 사로잡는 낯익은 이름자 앞에서 커서가 멈췄다. 마치 에폭시 가공된 글자처럼 흰 바탕 위에서 도드라져 보였다. 어머니였다. 그리웠던 이를 뜻하지 않은 장소에서 우연히 만난 것처럼, 반가움이 목구멍으로 차올랐다. 떨리는 손으로 그 이름을 클릭했다. 제목도 내용도 없었다. 텅 빈 화면을 뚫어지게 쳐다보았다. 아마도 어머니가 잘못 누른 듯 보였다. 쓰지도 않았는데 휙 가 버린 이메일을 보며, 얼마나 난감하셨을까.

어머니는 매사에 긍정적이었다. 모르면 매달리고, 부족하면 배로 연습하고, 한번 시작하면 포기하지 않던 분이셨다. 자그마한 체구로 세상의 무게를 견디며 살아내기 힘들었을 텐데, 게으름을 피울 줄 모르셨다. 오죽하면 학교 문턱에도 가보지 못한 산골 소녀가 독학으로 한글과 한문과 일본어를 터득했을까. 젊어서는 YWCA 주부 교실에서 배우고, 육십 대에는 수지침 요법사 자격증을 따서 독거노인들을 돌보셨다. 팔십 대에는 노인대학에서 영어를 배워 미국 시민권 시험에 영어로 합격하셨다. 어머니께 목사님 설교와 인터넷 뉴스 보시라고 컴퓨터를 장만해 드렸더니 이메일을 시도하셨던 거다. 팔십 노인이 새로운 문명에 적응하는 건 쉬운 일이 아니었을 텐데, 해내셨다.

다음날 온 두 번째 이메일은 짧은 네 문장과 말줄임표가 다였는데, 뜬금없이 선교 중인 손녀 안부를 물으셨다. 너무나 어머니다워서 피식 웃음이 났다. 사십에 홀로 되신 어머니는 오매불망 자식 염려뿐이었다. 자식들만 보고 달리다 모두 장성하니 관심의 물길이 손주들에게로 흘러갔다. 컴퓨터 바탕 화면에 증손주 얼굴을 띄워 놓고 "할미 다녀올게. 집 잘 보고 있거라." "할미 다녀왔다. 혼자 심심했지." 이리 인사한다고 하셔서 한바탕 웃음꽃을 피우기도 했다.

세 번째도 백지 편지였고, 네 번째 편지는 한 달 후에 수신되었다. 제목은 여전히 없었지만, 맞춤법이 얼마나 좋아졌는지 눈이 의심스러울 정도였다. 첫 메일과 달리 열 단어 이상의 긴 문장과 열 줄 넘는 긴 내용으로 바뀌어 있었다. "갓다 왓니"가 "갔다 왔니"로, "밧니"가 "봤니"로, 정서법도 달라졌다. 한 달이라는 시간 동안 얼마나 절치부심하셨을지가 읽혀 일순간 콧날이 시큰했다. '기향(己香)'이라는 어머니의 이름처럼 글 속에 어머니의 향기가 배어 있는 듯했다.

편지는 늘 '추산아'로 시작하여 '사랑하는 엄마가'로 맺었다. 평소엔 가족의 안부를 물었고, 생일이면 축하 글과 멀리 있어 챙기지 못함을 아쉬워했으며, 어깨 아픈 딸이 행여 무리할세라 팔을 아끼라고 신신당부하셨다. 겨울이면 손주들에게 줄 스웨터와 목도리, 모자를 뜬다고 하셨고, 봄이면 쑥이며 봄나물을 캐서 손질해 놓았으니, 다음에 가져가라고 하셨다. 텃밭에서 갓 딴 싱싱한 채소를 건네주지 못해 안타까워하셨고, 열무 물김치에 말은 시원한 냉면을 못 먹여 속상해하셨다.

내가 보낸 답장도 거기 있었다. 어머니 편지에 그리움을 담아 답하며, 타자 실력이 좋아지신 걸 격려해 드렸다. 가족과 지인 근황을 알려드렸고, 좋아하는 꽃과 음식 이야기로 수다를 떨었다. 손주들 사진과 어머니가 즐겨 읽으실 법한 글, 생활 정보와 건강 정보, 혼자 하는 운동법과 좋은 글과 시 등을 보내드렸다. 때론 배꼽 빠지게 웃기는 이야기나 동영상, 아름다운 풍경 사진도 보내며 아기자기한 이모티콘으로 마음을 표현하기도 했다. 어머니의 사연이 길어질수록 내 글 수다도 깊어져 갔다.

구글이 보낸 경고가 내겐 선물이었다. 그 경고 문자가 뜨지 않았다면 난 어머니의 이메일을 잊고 지냈을 것이다. 어쩌면 그 경고는 어머니가 보낸 시그널이었을지도 모르겠다. 어떤 경고를 하고 싶으셨던 걸까. 일에 치여 자신을 인지하지 못하고 점검하지도 않으니 나를 너무도 잘 아는 그분이 여유 공간을 확보하라고 보내신 걸까. 컴퓨터 저장 공간도 늘 점검하고 비워야 하듯, 어머니는 내 삶의 저장 공간도 점검하고 비워야 하는 걸 알고 계셨던 거다.

내 삶에 비워 내지 못하고 차곡차곡 쌓아가는 건 과연 무엇일까. 욕심, 욕망, 허영, 이기심 아니면 공명심? 혹 목표만 있고 목적이 없는 건 아닐까, 정당한 명분은 갖춘 걸까 하는 생각들이 꼬리에 꼬리를 물고 이어졌다. "내 속엔 내가 너무도 많아 당신의 쉴 곳 없네. 내 속엔 헛된 바람들로 당신의 편할 곳 없네." 즐겨 듣던 노랫말조차 잊고 살았다. 살아생전 늘 같은 전파를 보내시던 그 경고에 주파수를 맞춰본다. 익숙한 소리가 들려오는 듯하다.

구글의 경고는 답을 쉽게 찾았다. 공간 확보를 위해 과감하게 쌓인 메일을 삭제하든지, 저장용량을 사서 늘리면 될 터였다. 지울 것과 구매할 것의 총량을 저울질 중이다. 어머니라면 결정이 빨랐을 텐데 난 여전히 한 템포 느리다. 총체적 난관이랄까. 그건 문제가 아닌데, 어머니가 주신 숙제는 어느 지점으로 되돌아가야 풀리는 걸까.

마지막 편지를 클릭했다. 거기 남기신 마지막 문장이 내 어깨를 도닥이는 것 같았다. "사랑하는 딸아, 항상 주 안에서 평강을 누리며 하나님 사랑하는 마음이 네게서 떠나지 않기를 바란다. 잘 있어." 마지막이라는 데 방점을 찍지 않는다고 해도 이 말씀의 의미는 누구보다 내가 잘 안다. 어머니의 간절한 염원이었다는 걸.

'김기향'이라는 이름으로 온 이메일을 더는 찾을 수 없었다. 놓쳐버린 풍선처럼 아쉽고 허허로웠다. 어머니에게 시간 할애하는 일이 왜 그리 어려웠을까. 발을 동동 구르며 안타까워한들 날아간 풍선을 어쩌지 못하듯 지나간 시간은 되돌릴 수 없는 것을. 그래서 세상의 불효자들이 그렇게 우는가 보다.

오늘도 자드락비가 퍼붓고 있다. 세상은 온통 흐린데 어머니의 전언은 점점 선명해진다. 내 사랑이 자녀를 넘어 손주들에게 흘러가는 나이가 되고 보니 이제야 어머니의 마음이 조금은 보이는 듯하다. 그 웅숭깊고 조건 없는 사랑의 실체가. 나는 과연 그 깊은 사랑을 담을 수 있을까. 내 자녀들은 어미인 나를 어떻게 기억하게 될지 생각하면 심장이 쫄깃해진다. 어머니의 백지 이메일에 담겼던 그 설렘과 두근거림처럼 내 자녀에게 보내는 나의 전언도 첫사랑의 울림을 담은 애틋함과 따뜻함으로 가득하게 되길 바라는 바다.

바닥을 치고 솟구치는 빗방울 사이로 그리움이 피어나고 있다.

수필

두 개의 고향, 그리고 또 하나

사반세기를 미국에서 보내고 귀국한 봄이었다.

새로움에 적응하느라 정신없던 어느 날, 지하철역 근처를 무심코 지나는데 역 주변에 보따리를 풀어놓고 쪼그리고 앉아 계신 노인들이 눈에 들어왔다. 앞에 놓인 바구니에는 냉이와 쑥, 다듬은 달래와 쪽파 등이 있었고, 옆에는 비닐봉지와 뭔가로 채워진 보따리들이 엉성히 놓여있었다. 어떤 어르신은 깐 마늘과 콩류를 작은 양재기에 담아 손님을 기다렸고, 몇 걸음 가니 손 두부와 콩비지를 가지고 나온 어른, 도토리묵 담긴 사발을 쭉 늘어놓은 어른도 계셨다. 순간 콧날이 시큰해졌다. 고향 땅이로구나 하는 게 실감 나서였다. 막연했던 것의 실체가 드러난 느낌이었다. 고국을 떠나 있던 오랜 세월 사람 냄새나는 이런 모습이 그리웠던 모양이다.

먹거리도 그랬다. 예전에 먹었던 길거리 음식들을 만나면 추억 속으로 빠져들며 내 나라에 온 게 실감 났다. 길거리 떡볶이나 오뎅, 튀김, 붕어빵 등은 그나마 흔하게 볼 수 있는 음식이지만 지금은 만날 수 없는 음식들도 있어 아쉬웠다. 학교 앞에서 팔던 종이 깔때기 속 번데기와 핀으로 파먹던 소라, 쪼그리고 앉아 침 묻힌 핀으로 쪼아 모양을 살리던 달고나 뽑기, 까까머리 소년들이 메고 다니던 드라이아이스 통 속 아이스케키, 야밤에 먹던 메밀묵과 찹쌀

떡, 뻥이요 소리와 함께 바람에 꽃눈 날리듯 하얗게 터지던 튀밥 등이 그랬다. 특히 엄마가 만들어주셨던 양갱과 살얼음 살살 도는 식혜, 시원한 동치미에 말은 냉면, 사각사각 씹히는 열무김치와 구수한 강된장이 어우러진 열무 꽁보리밥, 솥단지 뚜껑에 돼지기름으로 지글지글 부친 배추 지지미 등은 그야말로 추억 속의 음식이 되고 말았다.

꽃 중에도 그리움의 표상이 있었다. 봄이면 우리나라 초야와 만산에 가득 피어나는 진달래는 미국에서 보기 힘들었다. 철쭉이 거리나 화원마다 넘쳐나는 데 비하면 진달래는 볼 수 없었다. 딱 한 번, 미국 펜실베니아 롱우드 가든(Longwood Gardens) 수목원의 유리 온실 안에서 본 적 있다. 처음 만났을 때, 반가움보다는 낯선 느낌조차 들었다. 야생에 흐드러지게 피어 봄을 알리는 전령 역할을 하던 익숙한 꽃이었는데, 한여름 수목원 온실 안에서 겨우 몇 그루가 자신을 봐 달라는 듯 수줍은 새색시 같은 모습으로 서 있는 게 내가 알던 이미지와 너무 달랐다. 꽃샘추위에도 파르르 떨지언정 의기를 굽히지 않던 한국인의 표상과도 같은 진달래였다. 봄이면 마른 가지를 뚫고 나와 꽃등처럼 자신을 당당히 드러내던 그 진달래가 그리웠다.

또 하나 잊지 못할 꽃이 있다. 달밤에 꽃망울이 터지는 계절이 되면 고국 산야에 수줍게 피어나는 꽃이다. 굳이 '달밤'이라는 단어를 문장 앞에 붙인 이유는 '달밤'을 빼면 이 노란 꽃을 설명할 수 없어서다. 오래전 강원도 속초시 설악동의 한 계곡 마을로 엠티를 갔었다. 한바탕 축제를 마치고 계곡에서 좀 떨어진 한적한 풀밭 위에 친구와 자리를 마련했다. 달은 둥근 낯빛을 허공에 걸게 드리우고, 풀벌레 소리와 개구리 울음소리가 예서제에서 들려왔다. 밤하늘을 응시하며 고요히 마음을 다잡고 있을 때 '폭'이랄지, '퍽'이랄지, '평'이랄지, '뺑'이랄지 뭔가 터지는 듯한 소리가 들림과 동시에 눈앞 꽃대에서 노란 꽃망울이 벌어지고 있었다. 마치 고속촬영 타임랩스처럼, 콩알만 하던 꽃망울이 하트모양의 꽃잎 넷이 달린 꽃으로 변하는 순간이었다. 꽃의 노랑은 달빛을 받아서 이슬 먹은 참외처럼 선명했고, 피어나는 꽃에 시선을 고정한 내 가슴은 알 수 없는 흥분으로 들먹였다. 마술처럼 순간에 벌어진 일이었다. 그 이미지가 너무도 강해 난 한국의 산야를 생각하면 그 이미지에 갇혀 버리곤 했다.

   미국 여행 중인 아들이 예전에 살았던 버지니아 집들 앞에서 사진을 찍어 보냈다. 초등 시절을 보낸 타운하우스와 아파트, 중·고등 시절을 보낸 타운하우스였다. 기억 저편에 잠재되어 있던 집들이 필름 돌 듯 스쳐 지나갔다. 마지막 살았던 집 앞에서 아들이 자기의 세 아들과 함께 활짝 웃으며 서 있는데 갑자기 먹먹해졌다. 어디에 숨어있다 나오는 건지 모를 그리움이 불쑥 튀어나왔다. 3140. 번지수가 여전히 선명했다. 집 앞 화단엔 분홍 나리꽃과 카라 릴리, 화단 테두리를 타고 뻗어 나간 돌나물, 성성한 잎이 수북한 수국과 길쭉한 칸나 잎사귀까지, 게다가 밤에 화단을 밝히는 앉은뱅이 전등까지 그대로였다. 아이들의 유년과 내 삼, 사십 대의 젊은 날을 보낸 집이었다.

  타운하우스 단지를 돌면 숲으로 들어가는 길이 있었고 입구에 찔레꽃이 덜퍽지게 피어나곤 했다. 찔레꽃이 만개할 때면 그 향기에 이끌려 풀 방구리에 쥐 드나들 듯 그 길을 찾았다. 숲길로 들어서면 찌를 듯 뻗은 나무들이 하늘을 가렸다. 운동 삼아 걷기도 했지만 때론 벤치에 앉아 책을 읽기도 하고 노트에 뭔가 끼적이기도 했다. 찔레꽃 향기가 너무 슬퍼서 울었다는 찔레꽃 노래 가사를 읊조리기도 했다. 찬란한 봄날을 만끽하기도 하고, 가을 서정에 감상주의자(sentimentalist)가 되기도 했다. 그곳에선 갓 쪄낸 절편에 발린 참기름 냄새와 흡사한 냄새가 종종 풍겼다. 눈부신 하얀 꼬리를 가진 스컹크가 방어를 위해 내 품는 액체 분비물이 숲의 공기를 분탕질하는 순간이었다. 한국인에게는 익숙한 냄새였지만, 본토인에겐 고역의 시간이었을 거다.

  꽤 오랜 시간이 지났는데도 그 기억이 이리 선명하고 냄새까지도 느껴지는 듯한 걸 보면 병은 병인 것 같다. 오늘을 살아가면서 과거를 들먹이는 건 현재가 불안정해서도, 그때가 후회스러워서도 아니다. 과거도 현재도 내 삶의 궤적이기에 어느 시점을 스캔하면서 그곳에 머물던 '나'를 만나는 건 나름의 의미가 있지 않을까. 어린 장금이가 그냥 홍시 맛이 나서 홍시라 생각한 것처럼, 나도 그냥 생각나서 생각한 거였고 그리워서 그리워한 거였다. 오늘이 내가 살아온 날의 마지막 날이요 살아갈 날의 첫날이라면, 내 생의 알파요 오메가인 오늘을 어떻게 살 것인가 다시 한번 괘의(掛意)해 본다. 나는 가슴에 품은 두 개의 고향 말고도 또 하나의 고향을 그리워하며 살고 있기는 한 것일까. 제 삼의 고향이 될 천상의 고향, 영원히 머물 고향이 코앞에 이르렀을지도 모를 일이다.

고향은 그리움이요 설렘이다.

김추산

격월간 『에세이스트』 수필 신인상, 미주중앙일보 신인문학상 단편소설부문 수상. 격월간 『에세이스트』 편집차장, 『달라스 문학』 편집위원, 《주간포커스텍사스》 칼럼니스트. 미주한국문인협회, 달라스한인문학회 회원. chusanpark@gmail.com

내 딸 지연이

김희중

우리 부부가 결혼한 지 두 달쯤 지났을 무렵, 오붓한 저녁상을 물리자, 아내가 나에게 말했다. "나 임신한 것 같아!" 그 말을 듣는 순간, 건강한 부부라면 당연한 일임에도 너무 급작스러운 일이라서 그랬는지 나도 모르게 유행가 가사가 튀어나오고 말았다. "아니 벌써?"라고 뜨악하게 반문하였다.

하루 왕복 4시간이 넘는 통학을 힘들게 마치고 모처럼 맞는 휴일 오후, 달게 오수를 즐기려던 순간 손자의 앞날을 자나 깨나 걱정하시는 할머니께서 볼기짝에 불이 나도록 때리셨다.

"이눔아, 왜 이리 잠만 자냐. 공부는 언제하고?"

할머니의 성화에 잠이 번쩍 깰 정도의 충격을 받았다.

그러는 한편, 평소에 결혼하게 되면 아들, 딸 구애받지 않고 둘 정도만 낳아 남부럽지 않게 잘 키우겠노라 했던 맹세는 오간 데 없이, 나도 모르게 태 속에 있는 아이의 성별이 궁금했던지 "뭐라고 그래?"라는 질문이 너무나 자연스럽게 튀어나왔다. 이 같은 질문은 인류의 조상인 아담과 이브 이래 모든 부부의 DNA에 심겼나 보다. 아내는 "딸이래" 하며 아들이 아니라 다소 미안해하는 목소리로 대답하였다. 그것은 아내가 남편인 내가 장남이라 첫아이는 아들을 갖기를 원한다고 생각했기 때문일 것이다. 나는 "그래, 잘 됐네. 딸이 좋지. 첫딸은 재산이라고 하잖아"하며 아내에게 걱정하지 말라고 하였다. 그 말은 진심이었다. 딸이기 때문에 이름 짓는 것에 대한 부담은 없었다. 그렇다고 딸의 이름이 귀하지 않아서 막 짓자고 하는 것은 절대 아니었다. 그래도 아들보다는 딸 이름 짓기가 훨씬 기쁘지 않은가? 예쁘고 귀여운, 아름답고 현숙한 이름들을 떠올려 보자, 딸 이름들이 얼마나 좋은가? 우리 부부도 태어날 딸의 이름을 지어주기 위해 며칠, 몇 밤을 고민하였다. 고르고 골라서 딸 이름을 '지연'으로 하자고 의견 일치를 보았다. 지혜로울 '지' 자에 아름다운 '연'자. 이름하여 총명하고 예쁜 아가씨가 되어 달라는 우리의 소원이 담겨 있었다. 이름을 짓고 나자, 마음이 한결 가벼워졌다. 가끔 늦은 귀가 때면 대문 앞에 서서 초인종을 누르지 않고 일부러 큰 목소리로, "지연아, 지연아!"하고 태어나지도 않은 딸 이름을 불러대고는 하였다. 나중에 아내에게 전해 들은 얘기로는, 이웃 주민들은 새댁이 배가 부르더니 어느새 딸을 낳았나보다고 생각했다는 것이다.

지금도 그 시절을 돌이켜 보면, "떡 줄 사람은 생각지도 않는데 김칫국부터 마신" 내 행동이 우습기도 하고 잠시나마 이웃 주민들에게 혼란을 초래하여 미안하기도 하다. 딸 이름을 짓고 난 후 나는 본격적으로 이 세상에 태어날 내 딸 지연이를 위하여 필요한 것들을 준비하기 시작하였다. 지연이가 태어나면 어떤 아빠가 될까? 지연이는 건강하게 태어날 수 있을까? 태어나면 어떤 예쁜 옷을 입힐까? 커갈수록 외모에도 한층 신경 쓸 텐데 과연 부모를 닮은 예쁜 아이로 태어날 수 있을까 등 상상의 나래는 끝없이 펼쳐졌다. 지연이의 남자친구는 어떤 사내놈이 될까? 딸자식을 둔 모든 아빠가 딸을 시집보내는 섭섭함에 엄마보다도 오히려 더 운다는 말처럼, 심지어 지연이가 결혼하는 식장에서 나도 지연이를 보내는 것이 섭섭하여 울까? 아직 태어나지도 않은 딸의 20년 뒷날까지 신경이 쓰이기 시작했다.

그러는 사이 시간은 흘러 아내의 배는 남산만큼이나 불러오는가 싶더니, 더위가 한창 기승을 부리던 7월 어느 날 정기적으로 다니던 산부인과 병원에서 첫애를 순산하였다. 나는 그토록 기다리던 지연이를 마침내 볼 수 있게 되었다는 기쁜 마음으로 회사에서 조퇴하고 한걸음에 달려가 병실 밖에서 기다리고 있었는데, 간호사가 나오면서 하는 말이 "축하해요, 아들이에요" 하는 것이다. 순간 내가 잘못 들었나 의아해하며 "어! 딸이 아니었어요?" 하며 마치 내 애가 아닌 다른 사람처럼 간호사에게 되물었다. 그러는 나에게 간호사는 여태 그것도 모르고 있었느냐는 듯, '아저씨 애 맞아요' 하는 표정으로 "네, 아들이에요" 하며 사무적으로 재차 확인해 주며 종종걸음으로 사라졌다.

나는 회복실에 누워있던 아내를 보고 왜 아들인데 딸인 양 거짓말(?)을 했냐고 물었다. 그러자 아내는 내가 아들을 굉장히 기다리는 것 같아 혹시라도 딸이면 실망할까 봐 미리 마음을 준비시킬 목적으로 그랬다고 하였다. 그렇게 말하는 아내의 얼굴은 분만의 산고로 부어 있었다.

이미 아들로 세상의 빛을 보고 태어난 내 자식을 두고 인제 와서 왜 딸이 아니냐고 따질 수도 없는 노릇이었다. 또한 마음 한구석에는 아들에 대한 강한 기대가 자리 잡고 있었음을 강하게 부인하지도 못할 일이었다. 아들, 딸 구별 말고 둘이면 좋고 하나라도 별수가 없지 않으냐는 시대에 살면서 낳고 싶다고 내 마음대로 낳을 수도 없는 세태였다. 첫아들을 얻게 된 것은 그나마 다행이라고도 할 수 있었다. 만약에 첫딸을 보았다면 둘째는 아들이어야 한다는 마음의 부담감이 아마 백 배는 더했을 터였다.

　아들을 키운다는 것은 또 다른 즐거움이었다. 수정처럼 맑은 눈을 들여다보는 것도, 고사리같이 작고 예쁜 손을 만져보는 것도 마음속에 일렁이는 핏줄에 대한 정이 솟아올라, 아! 이런 것이 아들을 본 모든 남자의 마음이란 것을 느낄 수 있었다. 첫애는 온순하여서 우리 부부를 크게 걱정시킨 적이 없었다. 볼일도 잘 가려서 걸음마를 시작할 무렵부터 스스로 화장실에서 처리하곤 하여서 엄마의 수고를 한결 수월하게 덜어 준 착한 아이였다. 지금까지 큰 애가 별 탈 없이 자라만 준 것도 나에게는 큰 고마움이었다. 큰 애가 어느 정도 앞가림을 하기 시작할 무렵, 아내는 덜컥 둘째를 임신하고 말았다. 다른 부부는 결혼생활이 오래되도록 아이를 갖지 못해 걱정이라는 데 우리는 너무 생산성(?)이 좋았다. 뿌린 대로 거둬들였다. 아내도 첫아들을 얻은 자신감에서 그랬던지 숨김없이 임신 초기부터 둘째 애는 아들임을 밝혔다. 그러고는 나한테 둘째도 아들이니 만족하냐고 물었다. 나는 그렇게 묻는 아내의 저의가 궁금하였다. 예정일을 일주일이나 넘기고 둘째는 세상에 태어났다. 이번에는 아내의 말처럼 아들이었다. 씨도둑은 하지 못한다는 말처럼 한 눈에도 내 아들임을 알 수 있을 만큼 이목구비가 뚜렷하였다.

"병원에서 퇴원한 후, 집에서 산후조리를 마치고 몸이 회복되어 가자, 아내는 잠자리에서 나를 거부하였다. 그 이유는 더 이상 애를 가지면 잘 키울 자신이 없으니, 병원에 가서 파이프를 묶고 오라고 하였다. '유전자, 무전소자'의 현실은 엄연히 존재한다. 처음에 나는 강하게 저항하였다. 그러나 며칠을 못 버티고 백기 투항하고 말았다. 그 길로 병원에 가서 정말 어처구니없이 너무나 간단한 수술(?)로 나는 씨 없는 남자가 되고 말았다. 이와 함께 내 딸 '지연'에 대한 미련도 사라지고 말았다. 다행히 두 아들은 건강하게 자라주었다. 큰 애는 외향적인 성격으로, 작은 애는 다소 내성적인 성격으로 뚜렷한 차이를 보이며 성장하였다. 나이가 차서 초등학교에 입학하고 부자지간의 정을 쌓을 겨를도 없이 우리 가족은 미국으로 이민을 오게 되었다.

미국 생활을 시작한 후 아이들은 거의 자립적으로 학교생활에 적응해 갔다. 아침에 등교부터 방과 후 특별활동까지 우리 부부가 개입할 여지는 별로 없었다. 정상적인 시간 개념의 생활과는 뒤바뀐 생활을 하는 우리는 애들과의 여가 시간을 제대로 같이할 수가 없었다. 아들들이 중학교에 다니자 점차로 수컷의 성징이 드러나기 시작하고, 아내도 과다한 남성 호르몬의 분비가 시작되는 시기가 도래하자 세 모자가 합세하여 나를 공공의 적으로 상대하기 시작하였다. 나도 공격이 최선의 방어임을 아는지라 열심히 공포를 날려대며 방어에 나섰지만, 한번 이빨 빠진 호랑이의 위력은 종이호랑이와 진배없었다. 시간이 흐를수록 내 자리보전하기에도 힘에 부쳤다. 그럴 때면 나는 내 딸 지연이를 떠올렸다. 영국과 프랑스 간의 백년전쟁 당시 활약한 여걸 잔다르크처럼 홀연히 백마를 타고 나타나 고립무원 절체절명의 순간에 나를 구원하여 줄 유일한 구원군. 나의 적들은 지연의 발아래에서 사시나무 떨듯이 벌벌 떨 것이다. 한편 아내도 홧김에 두 아들과 한편이 되어 나를 공격할 때는 아군의 입장에서 서로 의지가 되고 힘이 되어 주지만 돌아서면 아들들은 기실 엄마 편도 아니었다. 어렸을 때는 별로 느끼지 못했지만, 아들은 커갈수록 엄마에게 또 다른 짐이 된다. 아침에 깨우는 것부터 해서 밥해 먹이기, 빨래 해주기, 방 청소해 주기, 대학에 진학해서는 자주 해주는 것은 아니지만 반찬 해서 챙겨주는 것이 손이 많이 가는 일이라 힘들다고 한다. 심지어는 해 준 밥 먹은 빈 그릇도 설거지를 하지 않아 자기 손이 가지 않으면 무한정 싱크대에 쌓아 놓는다고 투덜거린다. 착한 딸 하나 있으면 좋겠다고 푸념도 한다. 상황이 이렇다 보니 아내는 가끔 나보고 어디 가서 딸 하나 만들어 가지고 오라고 정신없는 소리를 하기도 한다. 괜찮다고, 눈감아 주겠다고도 한다. 그래도 그렇지. 어디 말이나 될 법한 소리인가? 병 주고 약 주는 것인가? 쓸데없는 소리 말라고 단칼에 잘라 버렸다. 소위 믿는 자가 할 말도, 할 짓도 아닌 것이다.

 요즘 부쩍 가게에 오는 어린 계집아이들이 눈에 들어온다. 나도 벌써 손주를 볼 나이가 되어 가는가? 꿩 대신 닭이라고 내 딸 지연이 대신에 예쁜 손녀로 대리만족이라도 해야 하나 보다. 그렇더라도 지금도 내 딸 지연이를 생각하면 코끝이 찡해져 온다. 지연이는 어디로 갔을까? 꽃피는 계절이 오면 핑크빛 드레스를 화사하게 차려입은, 이제는 성숙한 숙녀가 되었을 내 딸 지연이와 정겹게 손을 잡고 그동안 나누지 못했던 얘기들을 도란도란 나누며 아카시아 꽃향기 그윽한 길을 걷고 싶다.

수필

커피지교

흔히 글을 통하여 심신 수양에 힘썼던 지조 높은 옛 선비들의 글방 친구들을 일컬어 문방사우(文房四友)라 했는데 이는 종이, 붓, 먹과 벼루를 일컫는다. 선비와 문방사우는 결코 떨어질 수 없는 바늘과 실의 관계라 하겠다. 애석하게 선비가 되지 못한 범부도 꿈 많던 청춘은 있었는데, 그 시절을 함께 한 문방사우와 같은 존재들이 있다. 다름 아닌 커피와 소주이다. 이 둘은 젊었던 나의 고뇌와 순수를 대변하였다고 할 수 있다. 그만큼 젊은 날의 기억 중 많은 부분은 커피, 소주와 관계가 깊다. 일견 커피와 소주는 상관관계가 없을 듯 보이나, 둘의 공통점은 지나치게 과음하면 속이 쓰리다는 것이다.

특별히 나에게 있어 커피는 지란지교(芝蘭之交)와 같다. 커피와의 인연은 중학생 시절로 거슬러 올라가니 강산이 네 번이나 바뀌고도 남을 긴 세월이 흘러갔다. 모범생이 되지 못했던 나는 평소에 공부를 게을리하였다. 그런 까닭에 시험 때만 되면 시간에 쫓겼는데, 커피를 마시면 잠이 오질 않아서 밤샘 공부하는 데 많은 도움이 된다는 근거 없는 소문이 돌았다. 마침 그 시절(70년대)에는 인스턴트커피가 선풍적인 인기를 얻고 대중 속에 파고들던 때였다. 이렇다 하게 마실 거리가 부족했던 시절에 인스턴트커피의 인기는 가히 폭발적이었다. 커피는 술과 담배처럼 사회적인 제재도 없어 청소년들도 주변 눈치 살피지 않고 즐길 수 있었다. 커피잔은 따로 없었다. 국그릇으로 사용하는 대접에 가루 커피를 숟가락으로 듬뿍 탄 후 주전자에 팔팔 끓인 물을 붓는다. 쓴 커피 맛에 익숙지 않아서 설탕도 넉넉하게 집어넣어 달달하게 마셨다. 커피를 마신 건지, 설탕물을 마신 건지 혹사당한 혀만이 알고 있겠다.

좋은 보약도 체질에 따라 약효가 다르다는 사실은 훨씬 후에야 알게 된 의학 상식이지만 경험상 맞는 말이다. 내 몸 안에 들어간 커피는 각성제 역할을 하지는 못하고 수면제 구실을 한 모양이다. 커피를 마시고 밤샘을 한 기억이 없다. 절대 이번만은 커피의 도움으로 잠을 자지 않고 열심히 공부하여 보란 듯이 성적을 올릴 것이라는 굳은 각오는 간데없이 쏟아지는 달콤한 수면의 유혹을 이길 재간이 없었다. 그런 날 아침에는 오히려 컨디션이 엉망이 되어서 시험을 잘 치를 수도 없었다. 커피는 공부에 전혀 도움이 되질 않았으나 어느새 커피와 나 사이에는 떨어질 수 없는 깊은 우정이 싹트고 있었다.

덧붙여 커피에 대한 나의 기호를 부추긴 인물들이 있었다. 작가 전혜린과 소설가 어니스트 헤밍웨이였다. 전혜린 작가는 치열한 그녀의 삶만큼 블랙커피를 광적으로 즐겼다. 헤밍웨이는 그의 작품 속에서 커피의 일종인 에스프레소를 인상적으로 묘사하였다. 이런 간접적인 경험들은 커피에 대한 나의 기호를 자극하기에 충분하였다. 에스프레소에 대한 개인적인 경험은 어이가 없다. 헤밍웨이의 작품을 통하여 알게 된 에스프레소는 고국에 살 때는 마실

수필

　기회가 없었다. 다만 뇌리에서 잊히지 않았다. 미국에 이민 와 살게 된 후 우연히 들렸던 스타벅스 커피숍에서 메뉴판을 훑어보다 에스프레소란 문구를 발견하고는 오랜 친구를 만난 듯 반가웠다. 한 잔에 3불이 넘는 가격(10년 전)에도 망설임이 없었다. 주문하고 받아 든 커피잔은 종지만 했다. 그 안에 담긴 검은 고양이 세숫물 같은 양에 솟아오르는 실망감을 애써 누르며 소주잔 입에 털어 넣듯 홀짝 마셔 버렸다. 쓰디쓴 한약 맛이었다. 그 맛에 실망하여 다시는 에스프레소를 마실 생각이 없었다.

　다방 커피에서 자판기 커피까지 두루 섭렵한 나의 커피 사랑은 미국에서 도넛 가게를 시작한 후 그 절정을 보았다. 미국인들은 원두커피를 즐긴다. 이른 아침 원두커피를 갓 내릴 때 풍기는 향은 어떤 언어로도 표현할 수 없다. 신선한 커피 향을 무엇에 비교할 수가 있을까? 그 커피 향에는 한 잔 마시지 않고는 도저히 버티지 못할 강한 중독성 유혹이 숨어있다. 최근 들어 양이 줄긴 하였으나 한참 때는 하루 6~7잔은 기본이었다. 원두커피는 맛이 강하다. 몸이 받질 않으면 자칫 건강을 해칠 수도 있다. 커피에 대한 유해론은 끊이질 않는데 아무래도 지나치면 좋을 것이 없겠다.

　근자에 오래된 지병인 당뇨병으로 지란지교(芝蘭之交)와도 같은 한 친구인 소주는 멀리하고 있다. 물론 신앙적인 이유도 한몫했음을 부인하지 못한다. 커피는 당뇨 관리에 도움이 된다고도 하고 오히려 해가 된다는 주장들이 설왕설래하여 도무지 갈피를 잡을 수가 없다. 그러나 기나긴 우정을 높이 사서 유익하다는 쪽에 손을 들어췄다. 차마 커피마저 멀리할 수는 없는 까닭이다.

 커피는 시커먼데 본색이 원래 그렇다. 커피 맛은 직선적이어서 꾸밈이 없다. 오묘하지도 고고하지도 않다. 커피에는 대화가 있다. 커피와 함께하는 시간은 혼자라도 유쾌한 상상이 있다. 커피는 가슴 아린 추억에 대한 향수이다. 커피는 서민들의 생활 속에 언제 어디서나 함께 하는 편하고 쉬운 벗이다. 나는 신산(辛酸)했던 젊은 날의 아름다웠던 추억들을 잊지 않고 간직하기 위해 오늘도 오래된 친구인 진한 커피를 마신다.

김희중
계간 『에세이문예』 수필부문 신인상. 달라스한인문학회 회원.

인애의 해방 일지

박인애

남편이 있었다면 괜찮았을까?

아마도 최소한 그렇게 놀라진 않았을 것이다. 뉴스와 일기예보에 민감한 사람이니 폭풍이 오기 전에 무엇을 준비해야 하는지, 어디로 대피해야 하는지, 몇 시쯤 왔다 몇 시쯤 우리 동네를 지나가는지 정도는 알고 대처했을 테니까.

남편이 출장을 가게 되었다고 했을 때 내심 좋았다. 부엌일과 텔레비전 소음에서 해방된다는 것과 온전히 나 자신을 위해 시간을 쓰면 된다는 점에서 오히려 내가 특별 휴가를 받아 떠나는 기분이었다. 코로나 이전엔 간혹 출장을 가곤 했는데, 코로나가 창궐했던 지난 삼 년은 집과 회사만 오갔다. 운전해서 네 시간 거리에 있는 시댁에 간 게 아마도 가장 멀리 간 외출이었을 것이다.

남편은 일이 끝나면 곧바로 집에 오는 칸트 형 인간이다. 귀가 시간이 거의 정확하다. 십여 분의 시차가 생겼다면 그건 러시아워 때문이지 그의 탓이 아니다. 게다가 얼마나 부지런한지 집에 와서도 가만히 앉아 밥을 받아먹는 법이 없다. 청소, 빨래, 설거지, 상 차리기 등 보이는 대로 집안일을 한다. 도움이 되었으면 됐지, 귀찮게 하는 사람이 아닌데, 어느 순간 그런 남편을 보는 게 숨 막혔다. 타이밍의 문제였던 것 같다. 내가 편한 시간에 내가 했으면 좋겠는데,

저녁 시간에 위 아래층으로 다니며 깔끔을 떠는 게 불편했던 모양이다. 불후의 명작을 쓰는 건 아니지만 집중해야 할 시간에 들려오는 청소기 소리, 세탁기 돌아가는 소리, 물소리, 텔레비전 소리, 뉴스를 보며 욕하는 소리까지 원치 않는 시간에 들려오는 모든 소리가 거슬렸다. 누가 들으면 호강에 겨워 요강에 똥 싸는 소리 한다고 하겠지만, 극도로 신경이 예민해질 때는 정말 요강이 옆에 있었으면 좋겠다 싶을 만큼 설사에 시달렸다.

달라스의 칸트가 베트남으로 출장 간 이틀 동안 문밖으로 한 발짝도 나가지 않았다. 자가 격리형 인간인 데다가 하는 일이 생각하고, 쓰고, 읽고, 가르치는 일이다 보니 혼자 있어도 심심치 않고 종일 바빴다. 내 삶은 코로나 전과 후가 크게 다르지 않아서 모두가 힘들어했던 그 시기에도 견딜 만했다. 모처럼 해방의 기쁨을 누리며 밤새 일 하고 아무 때나 먹고 졸리면 아무 데서나 쓰러져 잤다. 텔레비전, SNS와도 담을 쌓았다. 남편 출장 가면 자유부인이 된다는 게 바로 이런 기분이구나 싶었다.

모처럼 느꼈던 평화가 깨진 건 나흘째 되던 날 밤이었다. 열심히 작업하던 원고를 저장할 새도 없이 불이 나갔다. 사위가 캄캄했다. '내 원고…'하는 생각뿐이었다. 냉장고 돌아가던 소리가 멈추자 이내 알람이 울리기 시작했다. 전기가 나가면 알람이 울리는 모양이었다. 그러더니 밖에서 긴급 경보 사이렌이 울렸다. 뭔가 심상치 않은 문제가 생긴 것 같았다. 금방 들어올 줄 알았던 불은 한참이

수필

지나도 들어오지 않았다.

　핸드폰 충전을 안 해서 배터리도 얼마 없었다. 최대한 아껴야 했다. 핸드폰 플래시를 켜고 초와 라이터를 찾아 촛불을 켰다. 촛불이 만들어준 분위기가 근사했다. 남편에게 카톡을 해서 알람을 어떻게 끄는 건지 물었다. 자기 핸드폰으로 할 수 있는데, 우리 집에 전기가 나가서 끌 수 없다는 문자가 뜬다며 방법이 없다는 답변만 돌아왔다. 일정한 간격을 두고 울려 대는데 고문이 따로 없었다. 청소기 소리에 스트레스받는다고 불평한 벌을 받는 건지 더 큰 소리에 시달렸다.

　창가로 가서 블라인드를 열었다. 바람이 무섭게 불고 있었다. 나무 허리가 반은 휘어지는 것 같았다. 이내 우박이 떨어졌다. 깜짝 놀랐다. 창문이 깨질 것만 같아 더럭 겁이 났다. 지붕을 때리는 소리 또한 요란했다. 정보에 밝은 옆집 아줌마에게 전화를 했다. 바람이 시속 80마일의 속도로 몰아치는 폭풍 주의보가 발령되었는데 몰랐냐며 지나갈 때까지 안전한 곳에 들어가 있으라고 했다. 일순간 뉴스에서 보았던 최악의 폭풍 피해 장면들이 파노라마처럼 스쳐 갔다. 공포가 밀려왔다. 자연재해 앞에서 인간이 할 수 있는 건 아무것도 없었다. 그저 무사히 지나가 주길 바랄 뿐.

　그 와중에 배가 고팠다. 가스는 들어오겠지 싶어 켰는데 켜지지 않았다. 가스를 점화하는 것도 전기였다. 남편에게 가스를 틀고 라이터 불로 켜도 되냐고 물었더니 날아갈 수 있다며 말렸다. 냉장고를 여니 컴컴한 공간에서 김치 냄새가 훅 들어왔다. 한국 사람이 맡아도 기절할 냄새였다. 부엌 싱크대 위로 촛불을 옮겼다. 어제 지인이 사다 준 떡이 보였다. 평소에 웃돈을 얹어줘도 안 먹는 팥떡 한 조각을 먹으며 책을 펼쳤다. 그것 외에 할 수 있는 일이 없었다. 바람도 없는데 촛불이 흔들렸다. 일렁이는 불빛 때문에 글씨가 어른거렸다. 책 읽기를 포기했다. 선조들은 어떻게 호롱불과 달빛 아래서 공부했을까? 반딧불이를 잡아서 불을 밝히고 공부했다던 그들이 새삼 위대해 보였다.

무서운 바람 소리와 귀가 먹먹하도록 울리는 알람 소리를 들으며 침대에 누웠다. 근간 불평만 했던 나 자신이 부끄러웠다. 내가 부족한 건데, 어쨌다고 환경 탓을 했을까. 해방은 뭔 놈의 해방? 남편 없는 자리가 크게 느껴졌다. 하늘이 거둬 가시고자 하면 오늘 밤 한방에 거둬 가실 수 있는 건데 모자란 인간이 감사를 모르고 불평했다고 생각하니 회개가 절로 나왔다. 나의 해방은 자유롭지 못했다. 앞으로 써나갈 해방일지는 아무쪼록 잘 쓸 수 있었으면 좋겠다.

박인애

경희사이버대학교 미디어문예창작과 졸업.『문예사조』시부문,『에세이문예』수필부문 신인상. 달라스한인문학회 회장 역임. 미주한국문인협회 이사. 한국문인협회 해외문학발전위원회 위원장. 한국디카시인협회 텍사스지부장. 문예지 편집국장. 《LA 한국일보》,《KTN》칼럼니스트. 수필 강사. 해외 한국문학상, 정지용해외문학상 외 수상. 에세이집『인애, 마법의 꽃을 만나다』, 시집『말은 말을 삼키고 말은 말을 그리고』편역, 6·25 전쟁수기집『집으로』외 출간.

기러기의 꿈

백경혜

아는 언니가 오랜만에 가게에 들어섰다.

남편과 같이 살 때는 토요일 오후에 들르곤 했는데, 딸네 가족과 살기 시작하면서부터는 예상치 못한 시간에 불쑥 찾아온다. 가게에 와도 오래 머물지는 못한다. 라이드해준 분 사정에 맞춰야 하기 때문이다. 언니는 운전을 못 한다.

근처에서 샀다고 밑창이 두툼한 한국 슬리퍼를 보여주고는 우리 가게엔 뭐 좋은 거 없냐며 물건들을 뒤적거렸다. 시간에 쫓기는지 손끝이 바빠 걸려 있던 물건들이 우르르 떨어졌다. 간단히 안부를 나누고 몇 가지 물건값을 지불한 뒤 평소처럼 앉아서 쉬지 못하고 바쁘게 돌아섰다. 필요한 게 있어도 사러 나오지 못하니 얼마나 갑갑했을까. 서둘러 걸어가는 뒷모습을 한참 바라보았다.

대도시 몇 곳을 제외하고, 운전을 안 해도 편히 살 수 있는 곳을 미국에선 찾기 어렵다. 자동차 운전은 보통 고등학생 때부터 시작된다. 부모에게서 독립하기 위해 필요한 기술이기도 하지만, 사실 운전은 학교에서 배울 수 없는 특별한 경험을 안겨준다. 공간 이동의 자유가 주어지는 것이다. 부모와 함께 다니며 차창 밖으로 보았던 세상을 혼자 자유롭게 돌아다닐 수 있게 되고, 24시간 문을 여는 버거집에서 시간제 근무 등도 할 수 있게 되니 삶이 달라진다고 해도 과언이 아니다.

우리는 시간을 바꿀 수 없지만, 공간은 어느 정도 선택할 수 있다. 미국 작가 프랭클린 P. 존스는 "시간은 인생의 가장 큰 선물이며, 공간은 그 선물을 펼치는 장소다"라고 했다. 시간이라는 선물을 어디서 펼칠지 선택할 수 있다고 생각하면 이동의 자유가 무척 값지게 느껴진다.

내가 운전을 시작한 것은 대학을 졸업하고 직장생활을 시작했을 때였다. 새 차를 몰고 처음 도로에 나섰던 날, 언니를 옆에 태우고 기세 좋게 출발했지만, 10분도 안 되어 가벼운 접촉 사고를 내고 말았다. 하필 왕초보 앞에 차 머리부터 들이밀며 무리하게 끼어들려던 아저씨가 운이 없었다고 해야 할까. "직진 우선이잖아요!" 당당하게 말했던 언니 덕에 아저씨는 더 이상 문제 삼지 못하고 물러났다. 용감한 자매는 접촉 사고에도 불구하고 집으로 돌아가지 않고 그대로 직진했다. 유턴하는 길을 찾지 못해 용산구에서 출발하여 서울역을 지나고 광화문대로 끝 경복궁 앞까지 가서야 차를 돌려 돌아올 수 있었다. 길도 모르고 차선을 바꿀 엄두도 안 나 첫날부터 우왕좌왕했지만, 그 경험은 유쾌한 기억으로 남아있다.

운전하면서 느낀 것은 공포와 행복이었다. 철로 만든 커다란 물체가 무서운 기세로 달려 나가니 차선에서 잘못 벗어나면 나와 다른 사람이 생명을 잃을 수도 있었다. 그것이 내 핸들 조작 하나에 달려있다는 것이 두려웠다. 죽음이 코 앞 가까이 성큼 다가왔다.

안전거리를 유지하고 방어운전 하는 것을 늘 지키려고 하지만, 그래도 크고 작은 사고를 경험해 보았다. 항상 예기치 못한 순간에 사고가 났으므로 언제나 방심하지 않으려 한다.

반면, 이동의 자유는 비할 바 없는 즐거움을 주었다. 버스와 기차로는 닿을 수 없는 바닷가와 산길에 갈 수 있게 되었고 오가면서 발견한 멋진 장소에서 머물 수도 있었다. 세상은 찬란했고, 할 수 있는 것이 생각보다 많았다. 시간은 마음대로 안 되었지만, 공간은 마음대로 되는 짜릿함이 운전의 공포를 압도적으로 이겼다.

나에게 유목민의 피라도 흐르는 것인지, 도로의 이정표를 볼 때면 무작정 그곳까지 달려가고 싶을 때가 있다. 한국에서는 경부 고속도로에 들어설 때마다 부산까지 가고 싶었는데, 지금은 35번 고속도로에 오르면 오스틴까지 가고 싶어진다. 목적지는 멀수록 좋다. 아득히 보이는 오아시스처럼 신비롭고 매혹적이다.

미국에선 자동차 여행이 무척 즐겁다. 주마다 다른 풍광과 문화를 발견할 수 있기 때문이다. 처음엔 여름이 길고 산도 거의 없는 텍사스가 무척 지루했다. 그런데 자동차 여행으로 다른 주를 방문하면서 오히려 내가 사는 텍사스의 독특함과 매력을 깨달을 수 있었다. 주 경계선을 넘어 아칸소, 테네시, 조지아, 뉴멕시코, 유타, 콜로라도, 뉴욕, 캘리포니아 등을 다녀보니 같은 나라인가 싶도록 서로 다른 매력을 뽐내고 있었다. 휴스턴의 바닷빛은 캘리포니아와 달랐고, 댈러스의 나무는 오리건의 나무와 판이했다. 피어 있는 꽃도, 다람쥐 종류도 달랐다. 드넓은 나라니까 당연한 얘기지만, 이 아름다운 것들이 모두 한 나라에 있다는 게 놀라웠다. 미주리주의 브랜슨에서는 천 그루도 넘는 크리스마스트리에 둘러싸여 잊지 못할 성탄절을 보낼 수 있다. 오리건주의 예쁜 도시 애쉬랜드에서는 매년 셰익스피어 페스티벌이 열린다. 세계가 한곳에 모여있는 듯한 이 나라만 찬찬히 구경해도 평생 심심하지 않을 것 같다.

장거리 운전도 즐겁다. 주간 고속도로를 질주하거나 대형 트레일러를 앞질러 갈 때면 짜릿한 전율을 느낀다. 죽음과 삶의 경계를 넘나드는 아슬아슬함이 나를 뒤흔들면 오히려 팔팔하게 살아있음을 실감한다. 마치 풀빛이 붉은 보랏빛을 만나서 보색으로 대비되듯 죽음을 곁눈질한 심장은 더 격렬하게 뛰놀며 여기에 내가 있다고 외치나 보다.

막히지 않고 시원하게 달리는 고속도로에서는 명상 상태가 되기도 한다. 가슴은 차분하지만, 수많은 생각들이 떠올랐다 사라진다. 스피커에서 좋아하는 노래라도 나오면 큰소리로 따라 부른다. 노래마다 다른 추억들이 줄줄이 불려 나온다.

돌아다니는 것을 좋아하는 사람과 집에 머무는 것을 원하는 사람의 차이는 뭘까. 집토끼와 기러기의 차이일까. 익숙한 곳에서 평온하게 사는 삶이 주는 행복이 크다. 집보다 더 나은 곳이 없다는 말에도 공감한다. 하지만 나는 가끔 산 너머 시베리아까지 가고 오는 기러기로 살고 싶다. 날개를 펼쳐 멀리 나는 것이 고달프고 때론 낯선 곳에 들어서는 것이 망설여져도, 건강이 허락하는 한, 유랑의 즐거움을 포기하지 않을 것이다.

주변에는 여러 사정으로 운전을 못 하게 된 분들이 있다. 나오고 싶어도 운전을 못 하게 되어 발이 묶이게 된 이웃이 있는지 돌아봐야겠다. 가끔은 집토끼를 등에 업고 날아가는 기러기가 되는 것도 좋을 것 같다. 기러기는 몇 안 되는 초식성 조류라고 한다. 어디에도 가둘 수 없고 누구에게 쉽게 먹히지도 않으며 아무에게도 해를 입히지 않는 기러기로 살고 싶다. 푸른 하늘을 식구들과 함께 훨훨 나는 착한 기러기로 살고 싶다.

백경혜

계간 『에세이문예』 수필 부문 신인상, 재외동포문학상 수필 부문 수상. 《KTN》 칼럼니스트. 달라스한인문학회 회원.

백 불이 뭐길래

백수길

밤 11시 막차에 젊은 흑인 친구가 버스를 오르락내리락하다가, 버스 가까이 다가간 나에게 버스표를 힐끗 보이더니 뒷자리로 걸어간다. 그런데 버스에 오르려던 그 순간 땅바닥에 떨어진 백 불짜리 지폐가 눈에 띈다. 순간 누가 볼세라 잽싸게 호주머니에 집어넣고 이게 무슨 횡재인가 하며, 운전석에 앉자마자 버스를 출발시켰다.

젊은 친구는 버스 뒤로 가는 중이라 내가 허리를 숙여 돈 줍는 걸 아마 못 봤을 거라는 판단이 들었다. 그리고 타자마자 순간 출발했기에 아무 눈치도 못 챘을 거란 생각도 들었다. 야밤에 돈을 주웠다는 기쁨이 나를 상당히 들뜨게 했다.

'허 참! 이런 고마운 일이 있다니….'

낮에 쓴 백 불을 땅바닥에서 벌충한 밤의 행운에 내 마음은 하늘에 떠 있는 별처럼 온통 번쩍이며 무지막지하게 기쁘기가 말할 수도 없었다. 그러나 백 불짜리 한 장에 마냥 행복한 밤은 곧 걱정으로 바뀌었다. 그 밤의 기쁨은 오래가지 않고 곧바로 새로운 고민이 시작되었다. '혹시 저 친구가 돈을 잃어버린 건 아닐지'라는 생각이 들면서 나의 기쁨은 뒤죽박죽이 되고 있었다. 그 친구에게 너 혹시 백 불 잃어버렸냐? 라고 물으면 분명히 잃어버렸다고 할 것은 불을 보듯 확실하겠지. 그러면, 너 혹시 돈 잃어버렸냐? 라고 물으면 되겠다고 하며 진짜로 잃어버렸다면 정확한 금액을 얘기할 거로 생각하며, 나의 양심은 갈팡질팡하고 있었다.

'아참! 돌려주자니 속이 쓰리고, 갖자니 양심이 괴롭고…. 아! 정말, 백 불 없어도 사는 데 지장 없는데, 이 무슨 지랄 같은 고민인가.'

버스를 몰면서 백미러로 그 녀석을 훔쳐보았다. 주느냐 마느냐 하는 햄릿의 고민은 깊어지고 나는 없어도 되는 백 불이 저 친구에겐 커다란 금액이 될 수도 있는데 하는 걱정이 앞섰다. 어찌 이리 백 불 한 장 때문에 혼자서 힘들어하는 건지, 종점을 향해 달리는 버스 안에서 나의 양심과 흑심은 심한 갈등을 겪고 있었다. 내 욕심도 중요하니까, 가면서 관찰하기로 마음을 정했다. 만약 잃어버린 기색이 있거나 돈을 찾는 행위를 한다면 돌려주기로 작정하고 계속 주시하고 있었지만, 전혀 그런 기색은 없었다. 그래, 그렇다면 이건 네 돈이 아닌 거 같으니, 돌려줄 곳 없는 이 돈의 임자는 나밖에 없다는 멋진 판단을 하는 나의 합리적 흑심에 조금이라도 거추장스럽던 양심을 무마하고 있었다. 참! 인간이란 편리하게 자기 합리화를 하며 사는구나 하면서도 괜스레 찝찝했다.

'나라고 도둑놈 심보가 없다면 그게 어디 사람이겠냐? 뭐, 이런 경우에는 신이라도 욕심이 나겠지. 돈이 백 불인데….'

아무튼 종점에 도착해서도 나는 마지막 갈등을 겪고 있었다. 30피트짜리 버스라 문이 하나뿐이 없어서 앞으로 걸어 나오는 그 친구를 바라보며 마지막으로 돌려줄 수 있는 기회이기에 양심이 발악하고 있었다.

'물어보라고 돈 잃어버린 거 있냐고?'

한 번 더 그 친구 표정을 봤는데, 별 기색이 없었다. 버스를 이용하는 고객은 주로 흑인이나 히스패닉계 사람들이다. 흑인들은 보통 자리에서 일어나면 한 번 더 앉았던 자리를 돌아보곤 하는데, 이 친구는 전혀 돈 잃어버린 것 같은 낌새가 보이지 않았다. 버스에서 내려 기차를 향해 뛰어가는 모습을 보며 나의 양심도 밖으로 함께 뛰어 달아나고 나의 합리적 흑심은 찜찜한 구석을 외면하며 호주머니에 넣어뒀던 백 불짜리 한 장을 꺼내 볼 행운에 감사하고 있었다.

하지만, 그 행복도 잠깐! 돈을 꺼내며 약간 이상했던 기분이 들었던 걸 확인하는 데는 1초면 충분했다. 주웠을 때 접혀있던 백 불짜리 지폐 색깔이 약간 희미했었는데, 펴보니 돈의 길이가 짧다.

'뭐지?'

뒤쪽을 돌려보는 순간! 선전 문구가 적혀 있다. '가짜 돈'이라고. 나는 내 양심에 심한 미안함을 느꼈다. 하지만 왠지 진짜 돈이 아닌 게 더 서운했다.

'쌍놈의 새끼, 날 속인 건가…'

아무튼 그날의 재수는 거기까지였다.

백수길

부산 출생. 파주에서 성장. 워싱턴주 Eastern Washington University 졸업. 계간지 『불교문예』 2009년 여름호 수필 「까치밥」 발표. 달라스한인문학회 회원. 시집 『섞인 사람들』.

수필

3일의 약속

서경희

"무지개가 구름 사이에 있으리니 내가 보고 나 하나님과 모든 육체를 가진 땅의 모든 생물 사이의 영원한 언약(약속)을 기억하리라."

메모리얼 연휴를 즐긴 다음 날, 예고 없이 찾아온 불청객이 새벽잠을 깨웠다. 후드득, 탁, 창문에 날카롭게 부딪히는 빗방울 소리가 예사롭지 않았다. 아름드리나무를 감도는 바람의 위력도 대단하여 육중하게 뻗어있는 나뭇가지가 마치 늘어진 버드나무처럼 흔들거렸다. 휴대전화에 전송된 홍수경보 문자를 보면서 이 시각, 다른 곳은 안전할까? 와중에도 따로 사는 자녀들을 걱정하며 어두운 하늘을 가르고 땅에 내리꽂는 줄 번개 빛을 피하여 골방으로 숨어들었다.

공원을 조성하려다 멈춘 우리 동네의 빈 도랑은 세찬 비가 한두 시간만 내려도 나룻배를 띄워도 될 만큼의 강을 이룬다. 온 마을의 하수가 쏟아져 내려와 합류하면 물결도 제법 소용돌이를 치며 흘러간다. 예년에 비해 올해는 이른 봄부터 많은 비가 내리고 있다. 곳곳의 물난리 소식과 함께, 멀고 가까운 데서 천재지변 소리도 자주 들린다. 다행히 새벽잠을 깨웠던 비바람 천둥 번개는 그리 크지 않은 피해를 남기고 멈춰주었다. 가끔, 순식간에 불어난 개천물을 보면서 노아의 홍수를 생각한다. 큰 깊음의 샘들이 터지며 하늘의 창문이 열려 사십 주야를 비가 땅에 쏟아졌다는 대홍수, 그리고 비 온 후 맑게 갠 하늘 저편의 무지개를 보면서도 노아의 홍수를 생각한다. 다시는 모든 생물을 물로 멸하지 아니할 것이라는 하나님의 약속 때문이다. 약속에는 여러 가지 종류가 있겠으나. 크게는 내가 남에게 한 약속, 남이 나에게 한 약속 그리고 내가 스스로에게 한 약속으로 나뉠 것이다.

나폴레옹 보나파르트는 "약속을 지키는 최선의 방법은 약속을 하지 않는 것이다"라고 하였다. 약속이란 하기는 쉬워도 지키기는 어려운 것이니 섣부른 약속은 하지 말고 일단 했으면 지켜야만 하는 것임을 강조한 것 같다. 버릇처럼 가볍게 하는 약속이 아닌 바에야 지키지 않으려는 사람이 어디 있겠는가. 신의는 믿음과 의리를 아울러 이르는 말인데 약속 이행은 그 밑바탕을 이루는 행동일 것이다.

《3일의 약속》이라는 드라마는 재미교포 의사 정동규의 자전적 수기를 극화한 것이다. 주인공은 6·25 당시 어머니에게 3일 후에 돌아오겠다는 약속을 남기고 월남 하였다가 북으로 가는 길이 막혀 장장 33년의 세월이 흐른 후 어머니의 무덤 앞에서 통곡하였다. 그는 말했다. "비록 3일이라는 숫자는 지키지 못했으나 33년은 우주의 시간으로 계산되어 어머니와의 약속은 지킨 것이다"라고 "이미 정한 약속은 갚지 않는 부채이다"라는 말처럼 갈 수 없기에 더욱 가고 싶은 고향 땅을 약속이라는 빚 갚음에 더하여 그리워했을 것이다. 6·25 전쟁 당시 공산 학정을 피해서 남하한 피난민 수는 구십만 명에 가까워 속칭 '천만 이산가족'으로 표현된다고 한다. 얼마나 많은 사람이 지키지 못할 무언의 약속을 했을까, "눈보라가 휘날리는 바람 찬 흥남 부두"라는 가사의 노래가 있다. 옛날 우리 동네 어르신들의 애창곡이기도 하다. 리듬이 경쾌하여 귀에 익은 곡인데 최근에야 이 노래에 얽힌 숨겨진 사연을 알았다. 또 다른 '3일의 약속' 주인공들과 흥남 부두 철수작전에 공을 세운 레인 빅토리(Lane Victory)호의 내력을 전해 들으면서 누구에게인지 모르는 죄송함에 목이 메었다.

내게도 작지만 소중히 여기는 3일의 약속이 있다. 오랜 세월 몸담고 있는 우리 회사 사장님과의 약속이다. 빨간 양탄자가 깔린 사무실이 하얀 와이셔츠와 어울리시던 사장님의 깨끗한 첫인상이 생각난다.

"우리 회사는 24년 동안 직원들 월급을 한 번도 밀려 본 적이 없습니다."

연세가 친정아버님보다 위인데 늘 직원들에게 존대어를 쓰셨던 분이다. 설립 50주년을 눈앞에 둔 지금까지도 그때 했던 말씀은 잘 지켜지고 있다. 나는 역사에 얽힌 정치 이야기 듣는 것을 좋아한다. 사장님은 가끔 당신 사무실로 부르시거나 내가 일하는 자리에 오셔서 이야기보따리를 풀곤 하셨다. 북한에서의 학생 시절 이야기, 월남하신 후 직업군인으로 계실 때 겪은 이야기, 미국에 이민하여 일궈낸 사업에 관한 일 등이었다. 늘 책을 가까이하는 분이라 여러 방면으로 해박하셨기에 내게는 간접경험을 하게 해주신 역사의 산증인이셨다. 그러던 어느 날, 성능 좋은 녹음기를 사 들고 딸과 함께 사장님 댁을 방문하였다. 두 내외분이 기억을 더듬어 가며 걸어오신 길 이야기를 토막토막 들려주셨다. 한가한 주말에 틈을 내어 세 번 정도 찾아뵈었으니 3일이 된 셈이다. 마지막 날 레스토랑에 가서 맛있는 스테이크를 사주셨던 일도 이젠 아름다운 추억이 되었다.

   사장님의 별세 일주기가 돌아오고 있다. 코로나로 인하여 사무실에 나오지 못하신 때 나의 세 번째 작품집 『사랑』을 받아보시고 여러 차례 전화를 주셨다.
   "제 이야기도 글로 엮어주세요."
   황송한 부탁이었지만 어르신이 왜 그런 말씀을 하시는지 알고 있기에 "네"라고 약속드렸다. 쏟아지는 총탄을 뚫고 눈 쌓인 들길을 내닫는 외아들에게 어여 가라며 손 저으시던 어머니의 모습이 마지막이었다고 눈시울 적시셨다. 남북이 뚫리는 날이 오면 한달음에 어머님의 무덤으로 달려가시겠다던 어른이셨다. 두고 온 고향 소식을 알기 위하여 백방으로 노력하시던 모습이 떠오른다. 이제껏 들려주신 귀한 이야기들을 풀어 간간이 내 글 속에 담아내는 것이 사장님과의 약속을 지키는 게 아닐지 생각하여 본다. 이제는 주님 안에서 평안하시길 기원하며 천국 환송 예배에 실렸던 사장님의 걸어오신 발자취를 글 말미에 올려드린다.

수필

"1929년 7월 9일 황해도 송화군 송화면 읍내리에서 부(父) 김oo 님과 모(母) 이oo 님의 외아들로 출생하다. 1947년 17살 학생 신분으로 반공산주의 조직 구성 투쟁 중 주동자로 체포되어 정치범 수용소에서 3년 형을 언도(言渡)받고 탄광에서 옥살이 후 만기 출소하다. 일주일 뒤 6·25를 맞는다. 전쟁 중에 남한으로 탈출 시도하다가 총상을 입고 난민 수용소에 도착하다. 남한 국군에 입대하여 참전 중 통역 장교로 발탁되다. 7대에 걸쳐 미군 부사령관, 사령관의 부관, 통역관 역임 후 소령으로 예편하다. 1955년에 결혼하고 1973년 고려대 대학원 석사 수료 후 미국회사에 취업하다. 1974년 온 가족이 미국 Miami로 이민하다. 1975년 달라스로 이주하여 지금의 Jewelry Mfg 회사를 설립하다. 현재 약 50년의 성공적인 회사로 키워내다. 2018년 4월에 세례를 받고 2023년 7월에 하나님의 부르심을 받아 주님 안에 안식하시다."

소망으로 접어둘 수밖에 없는 무언의 약속도 있는 것처럼 약속의 종류는 무수히 많을 것이다. 육안으로 볼 수 없는 절대자(神)와 광활한 우주 사이에도 다스림의 약속이 있고, 그 영원한 언약을 기억하시기에 만물은 그 질서 안에서 순응하며 살고 있지 않을까.

- 2024 여름에

텃밭의 향취

"내 아들의 향취는 여호와께서 복 주신 밭의 향취로다."

"한솥밥 먹은 사람이 한 울음 운다"라는 옛말이 있다. 처지가 같고 같은 환경의 영향을 받은 사람은 뜻이나 행동이 서로 통한다는 말이라고 한다. 한솥밥, 한 울음이란 단어가 순수한 우리말이라서 정겹게 들리는 격언이다. 교인 수가 많지 않은 우리 교회는 마치 서로를 잘 알고 살아가는 식구들처럼 여겨진다. 사생활은 거의 모르며 지내는 사이인데도 말이다. 왜 그럴까 생각하니 일주일에 한 끼 한 솥에 밥 지어 먹는 점심 식사 때문인 것 같다. 식구(食口)라는 한자는 같이 밥 먹는 입이라고 풀이되니 한솥밥과 같은 개념으로 이해해도 될 것이다. 성경에는 "네 집 내실에 있는 네 아내는 결실한 포도나무 같으며 네 식탁에 둘러앉은 자식들은 어린 감람나무 같으리라"라는 시가 있다. 온 식구가 둘러앉은 따뜻한 식탁을 상상해 볼 수 있어서 좋아하는 구절이다. 일주일 만에 얼굴 보는 사람들이 모인 우리의 점심 식탁도 이런 분위기를 자아낸다. 언제나 화기애애하며 나눔까지 풍성하다. 한솥밥 나누는 식사 공동체! 두 사람이 한 팀 되어 만들어 오는 음식이 집 밥보다 훨씬 맛있다고 입을 모은다. 예배가 끝난 후 서너 가지 반찬으로 준비된 메뉴는 매주 다양하게 바뀐다. 구수한 시래기 된장국, 얼큰한 김치 콩나물국, 영양 듬

뽁한 미역국, 계란찜, 두부 요리, 도토리묵, 각가지 나물과 전, 돼지 갈비찜, 잡채, 오징어초무침, 각종 밑반찬, 김치 등 감칠맛 나는 한국 전통 음식은 모두 밥도둑이 아닌가. 그 외에 가끔 선보이는 부드럽게 익힌 쇠고기 브리스킷 찜, 달짝지근한 짜장밥, 아이들 좋아하는 스파게티, 고기 야채 듬뿍 들어간 인도 카레 등, 후유! 이들이 때론 탐식을 불러일으켜 저녁을 거르게 만들고 있다.

꽃샘추위가 물러가지 않고 달라스에 머물던 어느 날, 뜻밖의 점심 메뉴가 우릴 기다리고 있었다. 사람 수에 비해 엄청 많은 양의 한국산 봄 상추가 둥글넓적한 채반에 가득하였다. 봄 푸성귀가 선보이려면 아직은 먼 시기라서 모두가 놀라며 와! 환성을 질렀다. 언제 보아도 부지런하신 어느 권사님이 노인 아파트에 있는 텃밭에 비닐하우스를 만들어 재배한 것이라고 하였다. 야들야들! 푸릇푸릇! 완전 무공해 채소! 내 생전 한꺼번에 그리 많은 불고기 상추쌈을 먹어본 적이 없었던 것 같다. 난 상추쌈을 아주 좋아한다. 마켓에 가면 싱싱한 연초록 상추 한두 포기는 장바구니에 꼭 담는다. 밤이슬 털어내고 솎아온 텃밭 상추에다 구수하게 지은 가마솥 밥을 된장 얹어 쌈을 싸 드시던 친정 부모님들이 물려준 식성인지 모르겠다. 식성이 비슷하면 마음도 통하나보다. 일곱 장정이 한 식탁에 둘러앉아 식사하는 대가족으로 시집갔을 때 다행히 상추를 좋아하는 사람이 딱 한 명 있었다. 새신랑 신부에게 살던 방 물려주고 엎드리면 코가 닿을 이웃으로 분가한 손위 동서였다. 상추뿐 아니라 즐겨 먹는 음식이 비슷하여 마음도 통했다. 어느 날 함께 식사 초대

받아 간 집에서 상추가 나왔다. 고기를 싸서 먹어야 하는데, 한 줌밖에 안 되어 보이는 상추가 턱없이 부족했다. 새댁이라 속으로 흉을 삼켰었는데, 형님도 같은 마음이었던 모양이다.

"어찌 그리도 상추 인심이 야박하여 겨우 한 줌 내어놓아 감질나게 만들었지?"

"어쩜 두 사람은 그 많은 상추 접시를 순식간에 다 비웠나요."

교회에서 먹고 남은 상추를 한 보따리 얻어 오면서 그 옛날 동서들끼리 이물 없어졌을 때 나누었던 후일담을 떠올렸다.

나이 탓인가, 입맛에 따라 즐기기만 하던 먹거리를 이제는 영양가 분석하고 내 몸의 약한 구석을 보듬어 줄 수 있는가를 따지며 때늦은 음식 까탈을 부리고 있다. 다행히 즐겨 먹는 상추는 우리 몸에 필요한 영양소가 듬뿍 들어 있다고 한다. 침침한 눈을 보호해 주는 비타민 에이, 항산화 작용을 통하여 신체를 보호하는 비타민 시, 뼈 건강과 혈액 응고에 필수적인 비타민 케이 등, 상추의 식이섬유는 나쁜 콜레스테롤 수치를 낮추고 좋은 콜레스테롤 수치를 높이는 데 도움이 된다니 고맙고, 비타민 K와 칼슘, 마그네슘은 엉성해져 가고 있는 내 뼈의 골밀도를 높이는 데 필수적이라 하니 다행이다. 마치 상추 한 잎이 만병통치약이라도 되는 양 풍월을 읊고 있는 격이지만, 가마솥의 고슬고슬한 보리밥에 된장을 얹었던 상추쌈이 고기쌈, 생선회 쌈으로 업그레이드되어도 여전히 즐겨 드시는 쌈 덕분에 구순의 친정엄마가 건강하신가 싶어 감사하다.

수필

상추와 더불어 내가 좋아하는 쌈 채소가 또 있다. 바로 깻잎이다. 상추와 함께 고기쌈으로 먹으면 식감과 향이 독특하여 맛이 일품이다. 거친 뒷면을 토닥거려 주면, 향기를 더욱 발산한다는 이 애교스러운 깻잎에도 몸에 필요한 수많은 영양소가 함유되어 있음에 놀랐다. 항암 작용, 감기 예방, 치매 예방 등 하기야, 사람이 즐겨 먹는 음식물에 영양가가 없는 것이 어디 있겠는가. 웹 문서 지식에 의하면 깻잎에는 비타민 A와 C 성분이 풍부해 피부 주름을 개선하고 멜라닌 색소의 생성을 억제하여 기미와 주근깨를 개선하는 성분이 많다고 한다. 우리 교회 어르신들은 얼굴이 참 고우시다. 피부도 잡티 없이 곱지만, 주름도 별로 없어서 그분들보다 조금 젊은 내가 부끄럽고 또 부럽기도 하다. 혹시 피부미용에 더없이 좋다는 깻잎을 많이 드신 덕분일까? 우린 일 년 열두 달 중 대여섯 달을 제외하고는 양념을 듬뿍 얹은 신선한 깻잎김치를 매주 먹는 호사를 누리고 있다. 팔순을 훌쩍 넘긴 어느 어르신이 집에서 기른 깻잎으로 만들어 오기 때문이다. 도대체 얼마나 넓은 텃밭에 심고 가꾸실까, 적은 양도 아니라서 가뭄 때에는 물값도 만만치 않을 것이다. 먹고 남은 깻잎김치를 필요한 사람들이 가져가면서 고마운 마음 표할라치면 "이러면 안 만들어 올래요. 내가 좋아서 하는 일인데" 하며 손사래를 치신다. 그 집사님은 깻잎김치뿐 아니라 고향 냄새 물씬 풍기는 발효 빵떡을 둥근 쟁반에 수북이 담아 오신다. 달달하고 부드러워서 남녀노소 모두가 즐기는 후식이다. 아마도 우리 교회에서만 볼 수 있는 주일 예찬 진풍경이 아닐까? 쌀가루에 그린 빈을 넣고 버무린 그 발효 빵떡을 만들려면 장장 다섯 시간이 소요

된다고 한다. 나는 두어 달에 한 번씩 돌아오는 반찬 당번도 버거울 때가 있는데 백발의 어르신은 지쳐 보이지도 않고 늘 함박웃음의 젊음이 얼굴 가득하시다.

환갑 나이에 쌍둥이 아들을 얻은 이삭은 사냥을 좋아하여 들사람이 된 큰아들 '에서'를 더 사랑하였다. 이유인즉 그가 사냥한 고기 요리를 즐겼기 때문이란다. 아버지 이삭은 에서가 만든 별미도 좋아했지만, 옷에 묻혀온 들녘의 향취도 좋아했다. 사냥꾼의 옷에 스며있는 퀴퀴한 땀 냄새까지도 여호와께서 복 주신 밭의 향취라고 추복을 한다. 한솥밥 먹기에 한 울음 우는 우리 교회 식구들도 어르신들의 텃밭에서 실려 오는 하나님이 복 주시는 향취를 맡으며 살고 있다. 이에 감사하는 마음 담아 온 누리를 향하여 축복의 두 팔 펼쳐봄이 어떨까 싶은 봄날이다.

- 2024년 봄날에

서경희

계간 『에세이문예』 수필 등단. 달라스한인문학회 회원. 2015년 묵상 에세이 『믿음』, 2017년 신앙 에세이 『소망』, 2020년 신앙 에세이 『사랑』 출간.

수필

추억여행

오명자

계란은 인지기능 저하를 막고 기억력과 집중력 개선을 돕고, 근육 생성에 효과적이며 완전식품이라는 YOUTUBE 강의를 본 후 2년 전부터 가능한 한 매일은 아니어도 꾸준히 먹고 있다. 정제로 된 영양제보다 자연식품으로 섭생을 해 오고 있다. 고령자인 나에게는 필수 영양제가 계란이다. 구하기 쉽고 가격도 저렴하고 영양가도 높고 조리하기도 간편한 계란이 요즈음에는 때때로 피부 미용용으로 쓰이기도 하고, 마음에 안 드는 정치인이나 잘못하고도 너무 뻔뻔한 사람들에게 투척용으로 사용하기도 한다.

70여 년 전인 1950년대, 계란은 참으로 귀한 식품이었다. 볏짚을 길게 배 모양으로 만들어 계란 열 개를 넣고 빠지지 않게 마디마디에 새끼(짚)를 묶어 팔기도 했다. 그 계란 한 꾸러미를 사면 잠깐이지만 부자가 된 것 같았다. 계란찜은 할아버지와 아버지 밥상에 자주 놓였던 기억이 난다. 예외가 있기도 했다. 내 생일과 소풍 가는 날엔 항상 계란이 있었다. 소풍 가는 날은 김밥을 싸주셨는데, 계란말이와 단무지, 시금치만 넣었는데도 얼마나 맛나던지 어머니의 도시락 김밥은 행복을 느끼게 해주었다. 요즘은 다양한 재료와 모양으로 만드는데, 나는 우리 집 김밥이 훨씬 맛있었다. 엄마의 사랑과 정성의 조미료가 맛을 낸 것 같다. 김밥 한 줄 먹고 칠성 사이다를 마시면 소풍의 하루가 절정을 이룬다. 부러운 것이 없었다. 요즈음 칠성 사이다 맛을 내는 음료수는 SPRITE가 비슷하다고 생각되는데, 그때 그 맛은 아닌 것 같다.

칠성 사이다는 7명의 성씨가 다른 사람들이 모여 공장을 운영했던 동업자를 의미했는데, 서로 다른 성은 7개의 별이라는 뜻으로 한자가 바뀌었고 지금은 모두 타계하여 맛이 변했는지 그때 맛을 찾을 수가 없다. 순박하고 순수했던 옛사람의 성품이 음료수에 담겨 있었던 건가? 아니면 물맛이 달라서인가? 계란말이가 들어간 김밥과 칠성 사이다는 너무 궁합이 잘 맞는 식품이었다. 몇 년이 지난 후, 계란말이가 자주 등장했고, 다방에서는 쌍화탕에 계란노른자만 넣어서 파는 차가 제일 비싼 차이기도 했다.

중학교에서 교편생활을 하고 있을 때 서오릉으로 소풍을 갔었다. 각반 담임선생님들은 소풍 가는 날이 생일이나 마찬가지였다. 반장, 부반장들이 책임지고 담임선생님의 점심을 준비하는 것이 당연시되던 때였다. 도시락 경연대회가 열린 듯 참으로 다양하였다. 눈으로 보기만 해도 배가 불렀다. 색깔, 모양, 맛, 음식 담은 그릇(찬합)도 호화찬란했다. 매화 그림이 그려진 정사각형 찬합이 최고인기였던가? 여러 종류의 야채를 넣고 만든 계란말이가 색도 예쁘고 맛도 좋았다. 그때는 선생님을 부모와 동격으로 모시며 존경했던 시대였다. 교사들도 사명감으로 여기며 제자들에게 본이 되고 인성교육은 물론 품성 교육에도 소홀함이 없도록 최선을 다하였다.

　봄과 가을, 1년에 2번씩 소풍을 가는 것이 큰 행사였다. 모처럼 숲속을 걸으며 큰 나무를 볼 수 있었고 자연의 품 안에서 몸과 마음이 쉼을 얻게 되고 모처럼 가슴을 활짝 열고 맑은 공기를 마시며 '야호!'를 외치면 동심으로 돌아간 것 같아 기쁘기에 그지없었다. 소풍계획이 발표되는 2, 3일 전부터 모두가 마음이 설렜고 잠도 설치며 동심으로 돌아갔던 때가 새삼 그리워진다.

　졸업반 담임을 할 때 경주로 수학여행을 갔던 기억도 추억으로 남아 50여 년이 지난 지금도 잊히지 않는다. 2박3일 일정으로 불국사, 석굴암, 안압지, 천문대 그리고 천마총 등 여러 유적지를 견학하고 돌아오는 길에 인원 파악 중 한 여학생이 안보였다. 단체로 타고 온 버스가 출발도 못 하고 행방불명이 된 제자를 찾느라 학급 반 전체가 수색대원이 되었고 길을 잃고 헤매다 사색이 된 인숙이를 마침내 찾아 붙잡고 한참 울었던 때가 떠오른다. 아마도 제자들은 지금쯤 60대 후반일 텐데 잘 살고는 있는지, 그때가 그리워진다.

　여행은 나의 몸과 마음을 치유하고 때로는 내 영혼마저도 맑게 해주는 보약이 되기도 했다. 내 삶 속에 후회와 실패가 있었지만, 아름다운 추억이 있어 보람 있고 의미 있는 오늘을 살아낼 힘을 얻게 되는 것 같다. 내일은 1박 2일로 여행을 떠난다. Lindale에 있는 Christian Retreat Center(JAMA)에 방문할 예정이다. 금년 8월 초에는 남미 파라과이, 아르헨티나, 브라질 등을 여행할 예정이다. 벌써부터 흥분되고 기대가 된다. 여행은 언제나 행복과 아름다운 추억을 선물로 안겨준다.

　금년 부활절에 가지각색 물감을 칠한 계란이 담긴 예쁜 토끼 상자를 선물로 받았다. 부활의 의미를 다시금 깨닫게 하는 계란이 소중하게 느껴졌다. 오늘따라 냉장고에서 꺼낸 계란이 더욱더 귀하고 감사하게 느껴진다. 아침 식탁에 계란찜을 해서 올려야겠다. 빨강, 파랑, 노랑 야채를 넣어 새우젓으로 간을 맞추면 보기도 좋고 맛도 좋겠지!

주님의 은혜

할렐루야!

지금, 이 시간에도 호흡하고 있음을 감사드린다. 지난 5년 동안 육체의 고난을 잘 이기게 하고, 절망 가운데서도 함께 하셨던 주님. 주님의 크신 사랑을 깨닫게 하시고 교만한 나를 겸손케 하신 주님을 찬양한다.

무더위가 기승을 부리던 5년 전, 정기검진 중에 신장암 3기 판정을 받았다. 청천벽력이었다. 심장이 멎는 듯한 큰 충격이 아닐 수 없었다. 건강만큼은 자신이 있다고 생각했고 자부심을 느끼고 있었는데, 도저히 납득되지 않았다. 일순간, 내게 건강을 축복해 주셨는데 어떻게 하며 살아왔나, 어디에, 누구에게 도움을 주었나 등을 돌아보게 되었다. 건강을 위해서라는 명분을 내세워 너무 많은 시간과 물질을 골프장에 투자하지 않았나? 절제하지 못하고 무리하게 골프에 집착한 것 같아 마음이 무거웠고 후회스러웠다. 참고 때를 기다리시던 하나님의 경고인가? 하나님보다 골프를 더 사랑했음을 회개하였다. 말씀보다 세상 즐거움을 더 찾았고 나만을 위한 삶을 살아왔음을 후회하며 위기 상황은 왔지만, 감사하는 마음으로 기도하게 하셨다.

신장 제거 수술을 받기로 하였는데, 전 세계에 확산한 코비드 19의 여파로 병원 업무가 마비되었다. 실로 재앙이 따로 없었다. 예약했던 수술 일정이 취소되었고, 건강은 점점 쇠약해지면서 여러 가지 추가 증상이 나타나기 시작하였다. 코비드 19는 기저질환자와 고령자들에게 치명적이었다. 내 경우도 거기 속했다. 수많은 희생자가 발생했다.

만일 지금 나를 부르시면 어떻게 하나 생각하니 무섭고 두려웠다. 내가 할 수 있는 것은 오직 주님의 긍휼하심과 자비만을 바라면서 자복하고 회개하는 일뿐이었다. 더욱 큰 믿음의 기회로 삼고자 온전히 말씀을 묵상하고 기도하며, 주위 분들께도 중보기도를 부탁했다.

발병 후 1년이 지나 수술하게 되었다. 주님의 은혜로 잘 되었고, 건강도 회복되어 여생은 주님 뜻대로 살기로 다짐하며 전화위복의 기회로 삼았다. 지금까지 나 자신을 위해 살던 삶에서 벗어나 이웃을 위한 삶을 살기로 다짐하였다. 값없이 받은 사랑에 감사하며 거듭나는 계기가 되길 바랐다. 환자를 방문해 위로하고, 낙심한 사람을 찾아 사랑을 전하고, 어려운 이웃을 찾아 돕고 인도하며 미약하지만, 열심을 내었다.

그러던 가운데 병마가 다시 찾아와 집요하게 나를 공격하였다. 방광암으로 전이된 거였다. 말씀대로 살려고 애쓰며 나름대로 최선을 다했건만, 고난은 계속되었다. 어김없이 6개월이면 악화하여 방광암 수술을 세 차례나 하였다.

욥의 고난을 생각하게 되었다. 의인인 욥도 고난을 받았는데 나

같은 죄인이 받는 것은 당연한 거라고 느껴졌다. 더욱이 주님이 당하신 고난에 비하면 무슨 할말이 있을까. 애통하며 회개의 눈물만 흘릴 뿐이었다. 고난 속에서도 인내할 수 있었고 성숙한 신앙인으로 새롭게 만드시는 하나님을 더욱더 사랑하는 믿음도 갖게 하셨다. 이제는 모든 것을 내려놓고, 주님이 부르시면 언제나 갈 수 있는 믿음도 갖게 되었다. 신장 제거 수술과 세 번의 방광암 수술은 나를 담대한 믿음의 소유자로 성장케 하였다. 암은 무섭고 두려운 질병으로 사망에 이르게도 하지만 담대하게 대항하는 힘과 면역력도 생겼다.

섬김과 봉사를 실천할 수 있는 일들을 생각하고, 지역사회 노인들을 위해 열심히 봉사하였다. 지칠 때도 있지만, 힘들 땐 주님께 도우심을 간구하였고 함께하심도 깨닫게 하셨다. 사명이라고 생각하며 봉사하던 중에 예기치 않는 시련이 닥쳐왔다. 3번째 방광암 수술 후 10개월 만에 성대에 암이 전이되어 목소리가 나오지 않았다. 서운함이 몰려왔다.

'하나님 보시기에 나는 아직도 더 많은 연단이 필요하다는 것인가? 60여 년을 성가대원으로 독창자로 하나님을 찬양하였는데, 목소리 하면 항상 대명사로 지명을 받았던 내가 아니었던가. 자랑스러웠던 목소리는 어디로 갔을까.'

나의 교만함을 아는 주님은 그것까지도 내려놓게 하셨다. 방사선 치료를 15차례 받았으나, 2개월 동안 목소리는 돌아오지 않았다. 주님의 섭리로 모든 것이 이루어질 뿐, 기도 이외에는 아무것도 할 수 있는 것이 없었다. 3개월이 지나고 조금씩 차도가 있더니 10

개월이 지나면서 많이 회복되었다. 고난이 올 때마다 함께 하셨던 주님의 사랑은 감격이고 기적이었다.

지난 2월, 검진 결과 암 수치가 정상이라는 판정을 받았다. 5년여 동안 받았던 항암치료는 끝났고, 앞으로 정기적인 혈액검사를 한다는 의사의 소견을 듣게 되었다. 금년 부활절은 내 생애 최고의 순간이었다. 잊지 못할 감동의 해였고, 다시 태어난 감격의 해였다. 기도는 능력이고 기적이다. 주님의 은혜와 사랑을 감사하며 오늘도 찬양하며 영광 돌린다.

"구주와 함께 나 죽었으니 구주와 함께 나 살았도다… 내 몸에 약함을 아시는 주 못 고칠 질병이 아주 없네… 언제나 주는 날 사랑하사 언제나 새 생명 주시나니 영광의 그날에 이르도록 언제나 주만 바라봅니다."

내게 위로와 힘과 소망을 안겨준 찬송가 407장이 투병 생활하는 모든 환우에게 동일한 은혜와 기적으로 함께하길 진심으로 기도한다.

오명자

서울 출생. 한양공대 섬유공학과 졸업. 달라스한인문학회 회원.

어머니와 단골

이경철

　어머니가 그 가게를 고집하는 이유는 단지 음식이 맛있기 때문만은 아니었을 것이다. 까다로운 식성 때문에 음식 맛도 중요했지만, 어머니는 먼저 사람을 좋아했다. 어머니 주변에는 늘 사람들이 많았다. 이웃, 교인, 가게 주인 등 대상은 무제한이었다. 하지만 아무리 사람을 좋아해도 그렇지, 말도 안 통하는 중국 여자를 알게 되었다는 얘기는 도저히 믿기지 않는 것이었다. 그것을 증명이라도 하려는 듯 어느 날 어머니는 수원 시내에 있는 잘 알려진 중국집에 우릴 데려갔다. 그 시절만 해도 중국집은 초등학교 졸업식 때나 고등학교 입학하는 날에만 갈 수 있는 고급 식당이었다. 철없던 우리는 그 비싼 중국 음식을 마음껏 시켜 먹었다. 중국집 주인아주머니와 어머니가 얼마나 친한 사이인지 우리 안중에 없었으니까. 다행히 그분이 한국말을 하는 바람에 우린 대화를 나눌 수 있었다. 오래 전 이야기니 무슨 얘길 어떻게 나누었는지 기억조차 나지 않지만, 서구적인 커다란 키에 서글서글한 인상이 기억에 남는 분이었다. 그분은 우리에게 주방을 담당하는 중국 할아버지도 소개해 주었다.

　그해 추석 무렵, 어머니는 나에게 중국집에 다녀오라고 했다. 학교 수업을 마치고 집에 가는 길에 들러 주인 중국 아줌마하고 인사를 나누고 주방에 있는 할아버지를 찾았다. 인자한 할아버지는 우리에게 둥글고 납작한 기름진 노란색 과자를 주었는데 그 이름이 월병이었다. 중국에서 명절 때만 나오는 과자인데 특별히 우리에게 선물로 준다고 했다. 집에 돌아와 동생들과 나누어 먹었는데, 세상에 그렇게 맛난 과자는 난생처음이었다. 그 후로 해마다 추석이 돌아오면 중국집에서 그 과자를 선물로 받았다. 그 맛을 못 잊고 50년 세월이 지난 지금도 난 추석 무렵이 되면 한국사는 딸아이에게 월병을 부쳐달라고 부탁하곤 한다. 미국 중국 마트나 월남 마트에서 파는 월병은 모양이나 맛이 아주 다르기 때문이다.

어머니는 그런 분이었다. 사람을 한번 사귀면 오래가고 음식점은 꼭 단골집이 있었다. 어디 음식점뿐이랴. 서울 동대문 시장에는 어머니가 꼭 가는 옷 가게들이 있었고 평화시장 어두컴컴한 지하 구석에 자리한 양키 시장에도 단골 가게가 있었다. 심지어 그들은 수원에서 올라온 어머니에게 외상도 주었다. 특히 우리 옷을 살 때 어머니는 한 번에 돈을 내준 적이 없던 것 같다. 가격을 수없이 깎고 돌아서면 언제나 어머니가 원하는 가격에 살 수 있었고, 흐뭇해하셨다. 남편 박봉에 어린아이들이 넷이나 되니 어머니로서는 절약하는 방법이 그 길이라고 생각하셨던 것 같다.

서울로 장 보러 가는 날이면 수원 시외버스 터미널에서 버스를 타고 한 시간 넘게 가야 도착하곤 했다. 어머니는 장남인 나를 데리고 동대문, 남대문, 평화시장으로 휘저으며 시내 곳곳을 다녔다. 어렸던 내게는 차 크렉션 소리로 번잡하기 짝이 없는 서울의 모습만 기억에 남아있다. 집을 사는 바람에 어쩔 수 없이 수원으로 내려간 어머니는 정기적으로 서울로 장을 보러 다녔다. 덕분에 이북 함경도 또순이인 어머니를 따라다니며 이북 순대, 만두 그리고 함흥냉면 맛을 알게 되었다. 올해 90세 넘은 어머니는 미국 달라스에 이민 와서도 좋아하는 냉면집을 콕 짚어 다닌다. 가게 주인은 물론 음식점 직원들이 어머니를 모르면 간첩이다. 자리에 앉으면 어머니에게는 찬물, 우리에겐 따뜻한 보리차가 제공된다. 열이 많은 어머니는 여름, 겨울 할 것 없이 찬물만 드신다.

나는 어머니와는 달리 좋아하는 음식을 찾아다니는 스타일은 아니다. 하지만 사람을 좋아하고 쉽게 사귀고 인연을 오래 지켜가는 건 어머니를 닮았다. 틈만 나면 돌아다니는 것도 닮았다. 60세 넘은 남동생이 셋인데, 어머니를 닮은 사람은 나뿐인 것 같다. 새로운 환경에서 새로운 사람을 사귀고 새로운 문화를 배우는 것은 언제나 새롭고 나에게 에너지를 주기 때문이다. 그래서 가족들과는 달리 미국 이민 생활에 적응도 빨리하지 않았나 싶다.

언젠가 프랑스 칸에서 열린 면세점 박람회에 참석했을 때, 우연히 만나 알게 된 유대인 사장은 당시 70이 훨씬 넘었는데도 아침에 일어나면 오늘은 무슨 일이 일어날까 기대하면서 눈을 뜬다고 했다. 그를 닮고 싶다고 생각했었다.

단골이 주는 편안함은 분명히 있다. 고객인 자기를 알아주고 가격도 원하는 만큼 깎아 주고 대신 여러 개를 동시에 구매하며 서로 간의 신뢰가 쌓이게 되는 것이다. 어머니는 평생 직업을 가진 적이 없지만 그런 비즈니스의 관계를 스스로 터득하신 것 같다. 고객이 단골로 될 때까지의 시간은 얼마나 될까? 사람마다 다르겠지만 그것은 전적으로 가게 주인에게 달린 게 아닌가 싶다. 그 가게가 주는 편안함, 찾기 쉬운 장소, 친절한 미소와 서비스가 그 가게를 매력적으로 만드는 게 아닐까. 어머니가 단골을 삼을 땐 다 그만한 이유가 있는 것이다.

수필

생일파티와 소확행

어릴 때부터 지금까지 변함없이 내가 지키고 있는 것이 하나 있다면 그것은 아마도 생일파티일 것이다. 거창하게 파티를 여는 건 아니지만, 부모님이 고생해서 낳아주시고 길러주신 것을 감사하며 건강하게 지내고 있음을 확인하는 자리인 셈이다. 부모님 생신은 내 생일보다 더 뜻깊다. 90이 넘는 연세에도 스스로 할 일을 하시고 누구에게 의지하지 않고 건강하게 사는 부모님을 보면 늘 감사한 마음뿐이다.

어려서부터 부모님은 우리 형제들의 생일을 챙겨주셨다. 지금도 기억하는 것은 미군 부대 근무하던 아버지가 릴 테이프 데크를 갖다 놓고 마이크로 우리 노래를 녹음해 주신 일이다. 어렵던 시절, 커다란 휠이 돌아가는 미제 릴 데크(Reel Deck)는 어린 내게 무척이나 신기한 전자제품이었다. 생일날 동네 친구들을 불러 함께 음식을 먹으며 노래하던 기억이 새롭다. 그날은 용돈도 챙겨주셨던 것 같다. 결혼해서도 부모님과 수원 집에서 같이 살았기 때문에 생일파티는 계속되었다. 아내는 부모님이 그런 파티를 해준 적이 없다며 신기해했다. 아내를 만날 때까지 적어도 나는 모든 부모가 그렇게 해주는 건 줄 알고 있었다.

아이들을 위한 생일파티는 대를 이었다. 부모님이 우리에게 해주었듯이 당연히 우리 아이들을 위해 준비해 주었고 그들에게 줄 수 있는 최고의 선물이었다. 어느 날, 초등학교 다니는 큰 딸아이 생일을 맞아 학교 친구들이 여럿이 쳐들어왔는데 집에 마땅히 놀 만한 것이 없었다. 그래서 색지와 가위를 주고 너희들이 생각하는 생일의 의미를 종이로 잘라 만들어 벽에 붙이라고 했다. 여럿이서 고민하며 즐겁게 만든 색지들은 커다란 거실 벽을 가득 채웠고 멋지고 새로운 벽화가 탄생하였다. 작품을 보며 아이들의 상상력은 무한한 것임을 느꼈다. 딸아이는 그때 함께 했던 친구들과 지금도 연락하며 지낸다. 비록 해외에 다 흩어져 살고 있지만 끈끈한 정을 이어가고 있다.

나이가 든 지금도 아이들이 내 생일을 기억해 줘서 선물을 받고 있다. 딸아이와 하나밖에 없는 사위는 한국에 떨어져 있으니 만날 길이 없지만, 해마다 생일을 기억해 필요한 내의나 수필집을 국제 우편으로 보내준다. 가까이 살면서 받는 선물보다 더 귀하게 느껴지곤 한다. 아빠의 선물을 고르기 위해 가게를 방문하고 속옷 코너에서 질감을 확인하고 색깔을 정하고 계산했을 딸아이의 마음이 고스란히 소포 상자 속에 담겨 느껴지기 때문이다. 결혼해서도 늘 부모와 살았던 나는 자녀들이 늘 곁에 있을 줄로 착각했던 것 같다. 아무려면 어떠하랴. 핵가족 시대에 연락이 오가고 때때로 선물을 주고받는 정도의 정을 나눌 수 있다는 것만으로도 감사해야 하지 않을까.

생일에는 선물이 빠질 수 없다. 생일 카드를 고르고 상대방이 좋아할 것 같은 선물을 상상한다. 그리고 그런 제품이 있을듯한 매장을 방문해 고른다. 아마존 쇼핑 시대가 시작되면서 그런 즐거움은 사라져가는 듯하다. 인터넷으로 원하는 것을 찾고, 보고, 사는 시대가 되었기 때문이다. 회사 송년 모임에서 선물교환을 하자고 하면 대부분 기프트 카드를 상자에 넣어서 교환하려고 한다. 상한 금액을 정해주지만 대부분 쉬운 방법을 찾으려고 한다. 그래서 주는 사람은 알아도 받는 사람은 모르게 선물을 준비하는 게임을 했는데, 대부분 기프트 카드로 본인이 원하는 것을 사도록 하는 게 좋다고 했다. 그래야 낭비를 안 하게 된다나.

70을 바라보는 나이라서 그런가, 나는 아직도 전통적인 게 좋다. 카드 가게에서 예쁜 카드도 고르고 햇살 좋은 창가에 앉아 격려의 글을 적는다. 매장에 나가서 고르기도 하고 시간이 부족하면 아마존 쇼핑을 통해 사기도 한다. 포장지로 예쁘게 포장해서 카드와 함께 전달하면 입이 함지박만 하게 벌어지는 상대의 표정을 상상한다. 선물은 주는 사람의 마음이 담겨야 하지 않을까. 상대방을 생각해서 고르고 고른 선물은 적어도 어느 방구석에서 찬밥 신세는 면할 것 같기 때문이다.

올해도 내 생일을 맞아 딸아이가 연락을 했다. 생일 선물로 뭘 보낼까 하고. 이곳 달라스에서도 살 수 있는 것이 많지만 딸아이의 마음이 담긴 선물을 받고 싶어 그동안 적어놓은 리스트를 보냈다. 그러면 사위는 거기에 할머니 할아버지 선물까지 보태 보내준다. 딸아이에게서 배운 대로 나도 딸아이 생일에는 사위 선물도 보내곤 한다. 섭섭하지 않도록 말이다.

부모님의 생일날은 언제나 외식이다. 올해로 94인 아버지는 거의 외출을 안 하시지만 특별한 날은 함께 나가서 식사도 하며 시간을 보내신다. 아직 잘 드시고 건강한 부모님의 모습은 우리 형제들의 기쁨이다. 좋아하는 음식을 가져다드리고 잘 먹었다는 소리를 듣는 기쁨 말이다. 한때 '소확행'이라는 말이 유행했었다. 소소하지만 확실한 행복이라는 말이다. 적어도 나는 생일파티를 통해 소확행은 실천하고 있는 셈이다.

이경철

『시애틀문학』수필부문 등단, LA 중앙방송 수필공모 당선. 서울 조선일보 마라톤 수기 공모 우수상, 한국문인협회 워싱턴지부 시애틀 문학상 가작, 시애틀 월간지 『리빙센스』수필공모 당선, 시애틀 한아름마트 주최 백일장 가작, 시애틀 라디오 한국 주최 독후감 응모 가작 당선. 워싱턴 시애틀문학회 부회장 역임. 38대 달라스한인회 수석부회장 역임. 13대 달라스 ROTC 문무회 회장. 달라스한인문학회 회원.

수필

외로우니까 사람이다

정만진

사람은 사회적 동물이다. 나면서부터 죽을 때까지 혼자서는 살 수 없다. 생로병사의 여정에서 수많은 사람과 인연을 맺고 도움을 주고받으며 살아간다. 하지만 행복과 고통은 물론 외로움도 바로 사람을 통해 오는 것이 인간사다.

미국에서 디아스포라의 삶을 산 지도 어언 20년이 되어간다. 이런저런 외로움이 있지만, 내 외로움의 원천은 두 가지다. 하나는 지인과의 관계 단절이 주는 상실감이다. 향수가 커짐과는 반대로 점점 멀어지는 지인과의 소원함이 그렇다. 특히 오랫동안 동고동락했던 회사 동료들이 하나둘 멀어져 갈 때마다 느끼는 자괴감은 더 크다.

다른 하나는 사회활동이 적은 곳에 살다 보니 다양한 사람들과 교류하는 기회가 많지 않다. 한국에 있었다면 문화센터의 다양한 강좌나 봉직했던 회사의 사우회를 비롯한 취미가 맞는 동호회가 있으니 함께 활동하면서 자존감을 키울 수 있었을 텐데 하는 상대적 박탈감이 있다.

며칠 전, 정호승의 산문집 『외로워도 외롭지 않다』를 읽었다. 페이지를 넘길수록 쌓여 있던 외로움이 봄눈처럼 녹아내리기 시작했다. 동년배 시인의 주옥같은 시와 산문들이 주는 위로가 남달랐기 때문이다. 그동안 발표한 1,000여 편의 시 중에서 60편을 골라 각 시에 얽힌 사연을 산문과 함께 엮어 고희에 출간한 책이다.

그의 시 「수선화에게」 첫머리에 "울지마라/ 외로우니까 사람이다/ 살아간다는 것은 외로움을 견디는 일이다"라는 시구가 내 안으로 쑥 들어왔다. 그리고 뒤 이은 산문 「외로우니까 사람이다」에는 시인이 찾아온 친구와 나눈 대화와 함께 인간의 외로움을 수선화에 은유해서 노래한 시 「수선화에게」를 쓰게 된 소회가 담겨 있다.

"호승아, 니는 요즘 안 외롭나? 나는 요즘 외로워 죽겠다. 와 이렇게 외로운지 모르겠다. 집사람한테 외롭고, 지식들한테 외롭고, 친구들한테 외롭고, 회사 동료들한테 외롭고, 이웃들한테 외롭고…, 내가 왜 이렇게 외로운지 모르겠다. 시인인 니는 어떻노?"

친구의 느닷없는 질문에 시인은 잠시 말을 잃었지만, 그는 이렇게 답했다.

"그래, 나도 집사람한테 외롭다. 그런데 니는 지금까지 헛살았다. 우리가 인간이니까 외로운 거야. 외로우니까 사람이야. 외로움은 인간의 본질이야, 본질. 죽음이 인간의 본질이듯이 삼라만상에 안 외로운 존재가 어딨노? 본질을 가지고 '왜?'라고 생각하지 말란 말이야. 본질은 그냥 받아들이는 거야."

나는 시인과 친구가 나와 똑같이 집사람과 자식들한테서도 외로움을 느낀다는 말에, 사는 게 다 그렇다고 하는 묘한 동질감을 확인했다. 무엇보다도 외로움이 인간의 본질이라는 말이 꽂혔다. 그래, 가끔은 하느님도 외로워서 눈물을 흘리신다고 하지 않았던가.

"사람은 누구나 외로워. 나만 외로운 게 아니야. 외롭지 않은 사람은 없어"라고 답했던 시인의 위로가 내게 큰 위안을 안겨주었다.

고백하건대 나도 집사람한테 외롭다는 이기적인 생각을 달고 살았다. 나의 모든 성취는 아내의 희생이 없었다면 있을 수 없다. 하지만 일을 핑계로 아내와 가정에 소홀했다. 우리 아들 쌍둥이는 어떻게 키웠는지도 모른다. 타향살이의 외로움이 나보다도 컸을 텐데 내색하지 않고 감내하며 손주에게 헌신하는 아내는 수호천사다.

언젠가 아내가 당신은 남에게는 미소를 잘 지으며 관대한데, 왜 나한테는 인상부터 찡그리고 속을 긁는지 모르겠다며 속마음을 털어놨다. 나도 아내가 좀 더 살갑게 해주고 큰소리를 안 냈으면 하는 바람이 있었는데, 아내도 똑같은 것을 내게 바라고 있었던 모양이다.

요즈음 아내로부터 또 짜증이냐는 말과 내 의견은 왜 물어보냐는 말을 자주 듣는다. 그동안 가족들의 의견을 듣는다면서도 늘 내 생각을 강요하는 식이었고, 그게 안 되면 짜증부터 냈기 때문이다. 그만큼 가부장적인 삶을 살았다. 일순간 미안했다. 반성한다. 앞으로는 아내의 자존감을 키워주고 배려하며 살아야겠다.

"눈에서 멀어지면 마음에서도 멀어진다(Out of sight, out of mind)"라는 말이 있다. 그것이 인지상정인데, 이역만리 떨어진 곳에 살면서도 지인들과 예전처럼 소통하길 바랐던 건 욕심이었다. 브런치 글에서 유효기간이 식품에만 있는 것이 아니라 인간관계에도 있다는 내용을 읽었다. 아무리 좋은 방부제를 쓴다 해도 20년이나 보존되는 식품은 없을 것이다.

친구들한테 외롭고, 예전 회사 동료들한테 외롭고, 이웃들한테 외롭고 서운했던 마음은 접고 나 자신 먼저 그들에게 정다운 친구가 되도록 이타심을 가져야겠다. 그러면 남아있는 인연들과 살갑게 교류하며 즐겁게 지낼 수 있으리라 믿는다. 지인의 숫자는 더 이상 중요하지 않다. 카톡을 씹지 않고 반갑게 답신을 주는 친구면 충분할 것 같다.

또 다른 외로움의 원천이었던 소극적 사회활동도 지경을 넓히며 자존감을 키워 볼 생각이다. 가입만 해놓고, 일 년에 한두 편 원고만 겨우 보내는 미주 문인협회 활동에도 적극적으로 나서야겠다. 그동안 소홀했던 수필도 열심히 쓰면서 성찰의 시간을 갖고, 적극적인 북클럽 활동으로 자존감과 부족한 문재(文才)도 키우고, 코로나 펜데믹으로 소홀했던 힐링 여행도 자주 해야겠다. 여행과 사진 찍기는 글감을 얻는 중요한 원천이다.

한 해가 저물어가는 12월의 끝자락이다. 여자는 봄을 타고 남자는 가을을 탄다는데, 나는 겨울만 되면 마음이 싱숭생숭해지고 외로움을 더 탄다. 12월의 긴긴밤을 하얗게 지새울 때도 있다. 은퇴자로서 계절에 비유하면 마지막인 겨울 길에 들어섰다는 쓸쓸함이 황혼길과 만나 만감이 교차하기 때문이다. 나만 그런 게 아니라 어려움을 극복하고 꿈을 이룬 동포들의 마음 한구석에도 외로움의 그루터기가 자리 잡는다는 것을 알게 되었다.

외로움은 인간의 본질이니 왜냐고 묻지 말고 받아들이라던 시인의 아포리즘 같은 문장들이 긴 외로움을 치료하는 약이 되어 주었다. 나도 누군가에게 위안과 공감을 주는 글을 쓰고 싶다. 이제 외로움의 심연에서 벗어나 가족뿐 아니라 이웃사촌들의 외로움을 달래 주고 그들과 더불어 즐겁게 살아야겠다.

마음 하나 바꾸니 삭풍이 멎는다.

추억의 로버트 태권 V

우리 손주들은 끈기가 부족해서인지 예술적인 감성이 부족해서인지는 모르겠지만, 피아노와 미술학원에 다녔는데, 얼마 배우지도 않고 포기를 해서 아쉬움이 많았다. 하지만 지난 여름방학 때 시작했던 태권도는 6개월 이상 지났는데도 싫증을 내지 않고 있으니 신통하다. 적성에 맞는 게 따로 있는 모양이다. 손녀 민영이는 바이올린도 배우겠다고 하니 두고 볼 일이다.

태권도는 일주일에 세 번 도장에 간다. 월요일과 수요일에는 4시 40분에 시작하고, 금요일에는 4시에 연습을 시작한다. 학교 수업이 3시에 끝나서 스쿨버스를 타고 집에 오면 3시 40분쯤 되니까 월요일과 수요일에는 집에서 도복으로 갈아입은 후 간식을 먹고 가도 되지만, 금요일에는 스쿨버스가 도착하는 대로 바로 도장으로 가면서 간식을 먹고 도장에 도착해서 도복으로 갈아입어야 하기에 시간이 빠듯하다.

나는 손주들을 도장에 데려다주고 데려오는 라이드 담당이라서 주 중 3일은 골프 등 사회활동에 제약을 받지만 즐겁게 하고 있다. 도장에서 운동이 끝날 때까지 기다리는데, 유리창 너머로 사범의 구령에 맞춰 힘찬 발차기와 절도 있는 품새를 지켜보노라면 나도 모르게 활기가 솟는다. 같이 대기하는 부모들도 모두 자식이나 손주들 동작에 맞추어 어깨를 들썩이며 엄지척을 하게 되는데, 때론 격파에 실패하거나 품새가 틀렸을 때는 아~ 하는 한숨 소리가 들리기도 한다.

태권도는 한국의 전통 무예로, 발과 손을 사용하여 상대를 공격하거나 방어하는 세계적으로 인정을 받는 무도이다. 신체적인 훈련뿐만 아니라 정신적인 수양도 중요하게 여기며, 예의, 정직, 인내, 겸손, 자제 등의 덕목을 갖추도록 교육한다. 모든 구령과 동작들이 한국말로 진행되기 때문에 한국 문화를 접할 수 있는 좋은 스포츠라고 생각한다. 요즈음 전 세계적으로 확산하는 K-POP과 K-CULTURE 열기로 인해 수강생 대부분은 미국인 자녀들이다.

태권도는 1988년 서울 올림픽 때 시범종목으로 전 세계에 알려진 후 2000년 시드니 올림픽에서 정식 종목으로 채택되었다. 현재 세계 160여 개국에서 5,000만 명 이상의 태권도인이 수련하고 있다. 태권도는 혼자 하는 것이 아니라, 다른 수련생과 함께하는 것이고 예의를 중시하기 때문에 하루 종일 게임만 하던 손주들에게 서로를 존중하고 배려하는 인간관계와 사회성을 길러줄 수 있는 좋은 운동이라고 생각한다. 도장에서는 사범, 선배, 친구 등과 친분을 쌓으면서 다양한 인간관계를 맺게 된다. 또래 겨루기 친구들과 함께 연습하고 즐겁게 운동하면서 서로에게 배우고 도우며 친밀감을 나누는 모습을 보니 마음이 흐뭇하다.

태권도는 공격만을 위한 것이 아니라, 자기방어와 약자를 보호하고 부당함에 맞서야 한다는 정의감도 심어주는 일석이조의 운동이라고도 생각한다. 또한 끊임없이 연습하고 노력해야 하는 것이기 때문에 집중력이 산만하고 끈기가 부족해서 쉽게 싫증을 내는 손자와 손녀에게는 특히 품새와 격파 기술 연마에 있어 자신의 한계를 넘어서는 자신감을 갖게 하는 것이 중요하다고 생각한다. 10살인 손자는 덩치가 또래보다 커서 문제가 없지만 6살인 손녀는 또래보다 작아서 걱정이 많다. 하지만 남에게 지지 않겠다는 암팡진 정신만큼은 으뜸이다.

태권도는 신체 각 부위가 균형 있게 발달하고 심폐지구력을 통해 폐의 기능이 강화되어 여러 가지 질병에 대한 저항력도 키워주고 올바른 인성교육에도 큰 도움이 된다고 한다. 특히 품새와 격파를 할 때 여러 번 실패하고 좌절하기도 하지만, 포기하지 않고 다시 일어나기를 반복하면서 자신감을 얻는다는 점도 좋다.

내가 태권도와 인연을 맺은 것은 고등학교 때였다. 태권도 도장이 하굣길 영등포역 철로 변에 있어서 늘 기합 소리를 들으며 집에 갔다. 그러다 호기심이 발동하여 여러 번 도장을 기웃거리다가 정식으로 등록하고 반년 정도 배우고 중단했다. 흥미와 끈기가 떨어져서 중단은 했지만, 기마자세와 격파 등을 혼자 연습했다. 지금 와서 생각해 보면 다 부질없는 일이었지만, 강해 보이기 위해서 전권을 단련한다고 주먹을 꽉 쥐고 벽을 치거나 쌀가마니를 치면서 연습했었다. 전권에서 피가 났던 기억도 난다. 때론 동생들 앞에서 기왓장과 송판을 깬다고 호기를 부리다가 손을 다친 적도 있었다.

태권도의 기본기에는 기마자세, 발차기, 주먹치기, 수비 기술, 겨루기, 격파 등이 있는데, 기본기를 익히는 것은 태권도를 잘하기 위한 필수적인 과정이다. 품새 또한 태권도의 기술 체계로, 미리 정해진 동작을 순서대로 수행하는 것이다. 품새는 태권도의 신체적인 훈련뿐만 아니라, 정신적인 수양도 포함한다. 자료를 보면 품새는 태극 1장부터 8장, 고려, 금강, 태백, 평원, 십진, 지태, 천권, 한수, 일여로 총 17가지가 있으며, 각각의 품새는 태권도의 이상과 철학을 표현한다.

현재 손주들은 오렌지 벨트다. 흰색 벨트였던 병아리에서 노란색 벨트로 승급된 후 그린벨트를 향해 가고 있다. 앞으로도 기본기와 품새를 잘 익히기 위해서는 사범의 지시를 잘 따르고, 꾸준히 연습하면서 자세를 교정해야 한다. 벨트는 태권도 수련자의 실력을 나타내는 표시로, 흰색 벨트부터 검은색 벨트까지 순서대로 착용하는데 단계별 승급 시험을 통해 취득한다. 검은색 벨트를 따기 위해 걸리는 시간은 수련자의 운동신경, 학습 이해도, 성실성, 숙련도 등에 따르지만 2년에서 3년 정도가 걸린다고 한다. 손주들이 중도에서 포기하지 않고 태권도 유단자가 되었으면 좋겠다.

그동안 게임에 빠져서 정신을 못 차리던 손주들의 생활 패턴이 바뀌어 감사하다. 태권도를 배우면서 집중력도 좋아지고, 쉽게 싫증을 내던 애들에게 끈기도 생겼다. 사범님과 친구들이 함께 어울려 배우는 운동이라 협동심도 생기고 예의범절도 저절로 익히니 일거양득이다. 태권도는 공격보다는 자기방어를 위한 것이기에 약자를 보호하고, 부당함에 맞서야 한다는 정의감도 심어주니 금상첨화라 하겠다.

'건강한 신체에 건강한 정신이 깃든다'라는 말처럼 동방예의지국의 후예답게 예의 바르고 활기찬 태권 소년과 태권 소녀로 성장하길 희망한다.

정만진

서울 출생. 2004년 휴스턴 이주. 제58회 『에세이문예』 수필부문 신인상, 텍사스 중앙일보 예술대전 수필부문 최우수상. 미주가톨릭문인협회원, 미주한국문인협회 회원, 달라스한인문학회 부회장. (전)《텍사스중앙일보》 문학 칼럼니스트. 고희 기념 자전 에세이 『LNG와 함께한 山水有情 人間有愛』 출간.
peterjung49@naver.com

수필

원두막 지붕 아래 여름비는 내리고

지경민

　창밖 야자수 나무가 빗줄기에 푸르르 몸을 떨며 서 있는 모습을 보고 있자면 아주 오래된 어린 시절이 떠오른다. 한 잔의 녹차가 곁에 없어도 괜찮다. 온몸 가득 그윽한 향을 품고 푸르른 풀잎 같은 여름날의 그리움에 가 있는 나를 만났으니….

　태어나진 않았으나 오래 머문 곳도 아니었으나 그립고 가고픈… 내게 있어 고향이란 곳은, 어린 시절 작은 추억들이 자잘하게 얽힌 충청도 외갓집이다. 그곳은 늘 사람들로 수런거렸던 정이 무르익던 따뜻한 기억과 함께, 어린 소녀의 꿈이 마음속 깊이 스며들어 저 스스로 익어가던 곳이었는지도 모른다.

　슬하에 2남 4녀를 둔 외할머니가 늦둥이로 낳으신 막내 이모와 난 겨우 일곱 살 차이밖에 안 났었다. 초등학교 어느 해였을까. 외갓집에 놀러 갔던 난 들판으로 나가 소 풀 먹이는 일을 막내 이모와 함께했었다. 커다란 어미 소를 몰고 드넓은 논밭을 지나 산길을 천천히 걸었다. 느릿느릿 걷던 소가 걸음을 멈추고 풀을 먹는 동안, 우리도 어미 소 따라나선 어린 소가 되어 넉넉히 쉬어 갔다. 목이 마르면 외갓집에서 좀 떨어져 있던 밭에 오이를 따서 입안을 촉촉하게 적시며 그렇게 한나절 여름을 품어냈던 것 같다. 물로 씻지 않아도 옷에 쓱쓱 문지르면 깨끗해진 단 오이. 막 밭에서 따낸 오이는 신선함과 상큼한 맛으로 갈증을 해소해 주기에 충분했다.

산으로 둘러싸인 수채화 같은 풍경 속에 오이 몇 개를 품고 걷던 길을 가다 또 지치면, 우린 외할아버지가 해마다 여름이면 통나무와 짚으로 만들어놓은 원두막에 올라가 참외를 따고 수박을 따서 맛난 간식을 먹기도 했다. 서울에서 자란 내게 놀라움을 안겨주던 열매들의 신비로운 모습들은 잊을 수가 없다. 마른 흙 위에 노란 참외와 수박이 널려있고, 탐스러운 빨간 빛깔의 앵두가 터질 듯 달린 앵두나무. 노란 알갱이를 속속들이 감춘 채 달려있던 털 달린 옥수수며, 뒷마당 텃밭에서 따고 또 따도 하얀 꽃 핀 자리에 또 자라고 있는 고추들. 내 입가를 까맣게 적셔주던 뽕나무에서 열리던 오디 열매들. 살아있는 자연의 복된 풍경들은 별천지에 온 것 같은 놀라운 나날들이었다. 덩치 큰 수박은 어린 내가 들기엔 무거웠다. 그래도 욕심에 커다란 수박 덩어리를 원두막에 놓인 사다리를 타고 기어 올라가 얹어 놓을라치면, 어떤 날은 수박 무게를 감당 못 해 아까운 수박을 떨어뜨려 박살을 내기도 했다. 보통은 잔소리와 함께 알밤 몇 대 정도 맞을 일이었지만 서울서 온 어린 조카란 이유로 자잘한 잘못들도 품어주었던 것일까.

어느 날이었을까. 그날도 막내 이모와 난, 원두막에 올라가 아픈 발을 주무르며 쉬고 있었다. 햇살이 뜨거운 날엔 원두막에 만들어진 여러 개의 창을 내려 뜨거운 햇살을 가릴 만큼 완벽한 집에 가까

수필

운 원두막에서 긴 수다를 떨었다. 철부지 어린 것과 뭐 그리 말이 통했을까 싶지만, 이모와 난 친구처럼 지냈던 것 같다. 그리고 더위와 피곤함에 지쳤던 우린 달콤한 잠에 빠져 들었다. 그러다 잠결에 소리를 들은 것 같았다. 빗소리였을까. 순간 잠에서 깬 난, 거센 빗줄기에 놀라 멀뚱멀뚱 쏟아지는 소낙비를 바라보고 있었다. 조금 열린 짚으로 만들어진 창 사이로 빗물이 흘러들어오고 있었다.

비는 오래지 않아 바로 그쳤다. 그토록 거세게 퍼붓던 빗줄기가 거짓말처럼 멈추자 눈 부신 햇살이 다시 나타났다. 원두막 처마 밑에선 이미 그친 빗물이 뚝뚝 떨어지고 있었다. 그 소리가 이상하게 슬펐던 그날의 기억. 코끝에서 흙냄새 같은 젖은 짚 냄새가 뜨거운 여름 태양 아래에서 더욱 싸하게 올라왔다.

더운 여름날에 갑자기 내리는 소낙비는 시원하다. 습하게 콱콱 막히는 무더위가 놀라 도망갈 만큼 속이 확 트이게 시원하게 내리 퍼붓는다. 그러나 그날의 비에 대한 기억은, 외로움이었다. 선잠에서 깨어나 서울 식구들 생각이 난 건지도 모르고, 짧은 낮잠 속에서 낯선 곳에 있는 꿈을 꾸었을지도 모르겠다. 오가는 사람들이 없는 원두막 안에 앉아 홀로 빗줄기를 바라봤던 그날, 비는 내리고 마음 한구석은 쓸쓸함으로 채워져 갔던 것일까. 원두막 젖은 짚에서 비 뚝뚝 내리던 오후… 내게 있어 비가 외로움이란 걸 알았는지도 모르겠다. 어린 소녀가 알기엔 벅찬, 세세생생 마음 안에 묻어두고 꺼내놓지 못했던 그리움을 알아갔던 것은 아니었을지….

비가 그치고 뜨거운 햇살이 사라지면서 붉은 석양이 다가올 때쯤, 이모와 난 풀을 느긋하게 뜯어 먹곤 이미 배가 부른 누런 어미 소를 이끌고 지나왔던 길을 천천히 되돌아왔다. 어린 내 시선으로 봤던 높은 산들 아래 펼쳐진 끝없는 논밭 풍경은 이 길이 저 길 같고, 저 길이 이 길 같은 보이지 않는 미로처럼 느껴졌었다. 그러나 막내 이모는 신기하게 마을로 돌아오는 길을 쉽게 찾아가고 있었다. 그런 이모를 난 위대하게 바라본 것 같다. 막내 이모가 가는 길을 따라 걷다 보면 마을은 나타났다. 저 멀리 눈에 익은 초가지붕들과 기와지붕만 봐도 외갓집이 가까워졌다는 걸 알 수 있었다. 그 순간 지치고 피곤한 얼굴에서 미소가 한가득 피어나며 그저 반갑고 좋았다. 배고픈 어느 집 멍멍이들이 저녁밥 짓는 냄새에 컹컹 짖어 대고, 황톳빛 진흙을 감싸안은 굴뚝마다 연기가 모락모락 피어나는 따뜻했던 마을 풍경. 오후 내내 걸었던 발 아픔조차 잊을 수 있었던 것 같다.

빗소리에 외롭고 불안했던 마음들은 어느새 사라지고 할머니 집으로 돌아왔다는 기쁨이 만 배가 되어 열린 대문으로 성큼 뛰어 들어갔다. 넓은 마당엔 대식구가 먹을 저녁상을 위해, 흙먼지가 가라앉은 싸리 빗자루 자국이 선명히 나 있는 위로 멍석이 깔려 있었다. 그리고 늘 부엌에서 맛난 반찬을 만들어 내는 셋째 이모는, 아궁이에서 훨훨 타고 있는 마른 짚과 잔가지 태운 냄새를 온몸에 감싸안은 채, 부엌과 광을 바지런하게 오가며 저녁 준비를 하다 우리를 반겼다.

저녁을 먹고 난 뒤엔, 늘 말이 없으셨던 외할아버지는 사랑채에서 짚으로 엮은 새끼줄로 뭔가를 늘 만드셨다. 외할머니와 시집 안 간 이모들과 난, 저녁 마실 나간 삼촌들을 기다리며 저녁 늦게 잠들 때까지 이미 배는 통통해졌는데, 옥수수며 고구마를 끝없이 먹었다. 어른들이 수다 삼매경에 빠질 때쯤 멍석 위에 앉아 먼 밤하늘을 바라봤을까. 별들은 여름벌레 소리에 깨나듯 푸르게 빛나고, 마당 한 가운데 피어놓은 모깃불 냄새가 눈과 코에 매캐한 향을 매달아 놓던 밤. 배도 부르고, 발도 안 아픈, 아무 걱정 할 것이 없는 난, 그저 서울에 있는 식구들 생각에 또 왠지 모를 허전함으로 콧등이 시큰거리기 시작했다.

허전한 마음에 둘러보면 도시와는 다르게 사방 컴컴했고, 어둠으로 인해 무섭고 외로워서 눈물이 나왔다. 그럴 때면 외할머니는 나를 품에 안고 먼 달을 바라보시며 둥글게 떠 있는 달 속에 엄마 토끼 아기 토끼 두 마리가 방아를 찧고 있다는 얘기로 어린 나를 달래셨다. 잠깐은 귀에 솔깃했지만, 토끼도 살지 않는 원두막이 저 혼자 어둠 속에 놓여있을 생각은 왈칵 무섬증을 몰고 왔다. 그리고 서울에 있는 엄마가 더 보고 싶어졌다. 그런 내 맘을 안다는 듯 "엄마 보고 싶냐" 하시던 외할머니 말씀에 결국 참았던 울음이 터지고 그 울음을 참아내느라 큭큭 대던 기억들.

비는 내리고 하와이 야자수 나무가 젖은 잎사귀들을 바람결에 흔들며 서성일 때, 어린이날의 추억들이 삽화처럼 떠오른다. 그날의 기억들이 이젠 그리움이 되어 원두막 안에 가만히 나를 앉혀놓고 빗소리를 듣게 만든다.

　원두막 지붕 아래 여름비는 내리고… 어린 소녀는 여자가 되고 엄마가 되고 세상 속의 아줌마가 되고, 녹록지 않은 세월을 마음 안에 품었어도… 추억이란 이름은 먼 여행길의 길잡이가 되어 어린 날의 작은 아이를 만나게 해준다.

갈 수 없어 그리움으로 남아도

한국에 가서 머물렀던 곳이 우연찮게도, 꿈 많던 시절을 보낸 모교가 가까운 곳이었다. 중학교와 고등학교 6년이란 세월을 보냈던 그곳은, 망우리 지나 경기도로 넘어가기 직전, 봉황이 날아가는 형세를 지닌 구릉 같은 산 아래 놓여있었다. 높은 건물이 많지 않았던 70년대 중반에서 80년대 초까지 다녔던 내 학교는, 겨울이면 매서운 바람을 피할 수 없을 정도로 논과 밭만 보였던 변두리였다. 그래서 시베리아 벌판이란 별명이 무색하지 않은 곳이었지만, 그 덕분에 여름과 가을엔 논과 밭들이 펼쳐놓은 초록과 금빛 치맛자락 같은 아름다운 풍광을 볼 수 있던 곳이기도 했다. 늦은 저녁 도서실에서 공부와 수다로 가득 채운 하루를 보내고 어두운 길을 나올 때면, 불빛 없는 논두렁길을 걸어 나갈 무서운 생각보다는 밤하늘 달빛 아래 찌르르 울어대던 귀뚜라미 소리와 개구리 울음소리들이 듣기 좋았던 그 길.

고국을 찾은 뒤 여러 날, 마음을 내려놓았던 탓인지, 아니면 하와이섬 바람에 익숙해져 버린 내게 봄날의 추위를 이길 수 없을 정도로 몸의 면역력이 떨어져 있었던 탓인지, 아름다운 봄을 몸살감기로 지독히 앓아내고 있었다. 그렇게 고국의 봄이 가는 날을 안타깝게 마음으로만 느끼며 지내던 내게, 망우리 지나 경기도에 살고 있던 여고 동창인 친구 H가 바쁜 시간을 내어 찾아왔다. 친구를 본 난 겨우 몸을 추스르고 힘을 내, 봄빛 가득한 세상 밖으로 나올 수 있었다. 벚꽃 피는 계절을 찾아온 내 시야엔 개나리 진달래 모두 져 버린 연초록 잎사귀들만 떨리듯 남아있었다. 봄 향기를 물씬 풍겨 내는 라일락도 잎조차 하늘거리며 적은 꽃잎만 가지에 남긴 채…. 아픈 날들을 보낸 내게 고국의 봄은 그렇게 가고 있었던 것이다.

떠나가고 있는 봄 아래에서 잃었던 입맛을 돋우기 위해 묵고 있던 오피스텔 앞에 있는 분식점에서 우린 비빔밥을 시켰다. 아줌마가 내온 비빔밥은 커다란 양푼에 온갖 나물과 색색의 야채들, 그리고 계란으로 덮여 있었다. 고소한 참기름 냄새와 함께 입안에 군침이 돌기 시작했다. 우린 양푼 안에 가득 담긴 먹음직스러운 것들을 앞뒤로 뒤섞었다. "그래 그랬지, 옛날엔 이렇게 양푼에 비벼 먹었지. 그거 기억나니? 교실 난로에다 라면 삶아 먹던 거? 그때 주전자도 이런 노란 양 주전자였잖아. 맞아! 주전자에 끓여 먹었었지"로 시작한 여고 시절 추억은 선생님 몰래 방과 후 끓여 먹던 기막힌 라면 맛과 더불어 난로 위에 올려놓은 노란 도시락통 안에 눌어붙은 보리밥 누룽지를 먹던 추억까지 터져 나왔다. 풋풋한 여고 시절의 그리운 향수에 젖어 들며 실컷 수다를 떨고 나니 몸 안의 한기도 사라지고 봄을 맞은 새로운 기운이 내 몸 안에 퍼져 들기 시작했다. 우린 양푼에 가득 채워진 비빔밥을 말끔히 바닥까지 소리 내 비워가며 입술에 고추장을 묻힌 채 누가 뭐랄 것도 없이 서로를 바라봤다. 우리가 말없이 눈길로 동의한 것은 모교에 가보자는 것이었다.

수필

　첫 아이를 가지고 입덧으로 제일 먹고 싶어 했던 것은, 여고 때 먹었던 학교 앞 분식점의 맵게 비벼낸 달콤한 비빔냉면이었다. 그 옛날 신혼 시절 냉면을 먹기 위해 가본 이후, 17년이란 세월이 흘러서 학교에 찾아가는 길이었다. 버스에서 내려 넓은 대로를 훌쩍 건너 학교로 들어가는 좁은 골목길로 성큼 들어섰다. 그 길엔 그 옛날 우리가 날다람쥐처럼 들락거렸던 문방구점이나 분식점, 혹은 떨어진 단추를 꿰매기 위해 찾아가곤 했던 인상 좋은 아줌마가 살림집과 함께 살았던 단골 교복 맞춤점도 보이지 않았다. 참새가 방앗간 그냥 못 지나치듯 하굣길에 친구들과 꼭 들르곤 했던 작은 소프트 아이스크림 가게도 찾을 수 없었다. 거리는 낯선 곳으로 변해 있었다. 그러나 골목길의 모양새는 바뀌었어도 길은 여전히 학생들과 동네 사람들, 꼬마들로 사람 사는 냄새를 물씬 풍기며 자리 잡고 있었다. 거리에 사람 보기 힘든 미국에서 살아서인지 거리를 가득 채운 사람들이 아름답게 느껴졌다. 늘 같은 모습을 보며 살아가는 친구에겐 내 감동이 느껴지지 않았을지도 모른다. 학교로 들어가는 길고도 좁은 골목길은 정답게 그 시절을 회상할 수 있게 오래된 흔적 같은 모습들을 군데군데 지닌 채 나의 눈을 즐겁게 해주었다. 색바랜 낡은 벽지 위에 색색의 볼펜으로 가득 그려져 있는 어린 학생들의 낙서들이 열린 문 사이로 보이는 아담한 라면집의 모습 또한 보기 좋았으니….

　우린 길고 긴 골목길을 지나, 학교로 들어가는 초입인 시베리아 벌판에 도달했다. 멈칫 발길이 멈췄다. 넓었던 논과 밭은 사라지고 이제 그곳엔 새로운 공간이 들어서 있었다. 골목길을 지나 저 멀리 학교가 보이면 여린 뺨을 흔들며 지나가던 바람도 없었다. 벼 이삭이 바람 소리 속에 사르르 춤을 추던 논도 밭도 흔적조차 없어지고 생판 낯선 곳이 되어 옛것이 그리워 찾아온 옛사람을 무색하게 만들었다. 겨울이면 우리의 여린 종아리를 사정없이 내리치던 매서운 시베리아 벌판의 칼바람도 낯선 곳이 싫어 어디론가 이사를 갔을까. 바람을 몰아낸 건물들과 집들이 손님으로 우리를 맞고 있었다.

봄밤이 어스름하게 두리번거리며 우리를 따라오던 시간, 긴 걸음 끝에 드디어 모교에 도착했다. 그러나 수위실에 앉아 계시던 정복 차림의 아저씨가 우리의 갈 길을 막아섰다. 저녁엔 출입이 통제된다는 말을 하시며…. 우린 가던 길을 멈춰야 했다. 육 년을 그 누구의 통제 없이 자유롭게 드나들던 내 학교가 이제 무슨 고관들이 들락거리는 특별한 관공서가 된 듯 느껴졌다. "내일 오세요"란 말과 함께 미안해하는 수위 아저씨의 말에 아쉬운 듯 몇 번을 뒤돌아 바라보다 천천히 발길을 돌렸다.

우린 뒤돌아섰지만, 기억은 아직도 학교 안 구석구석을 더듬고 있었다. 저 언덕길을 올라 기역자로 된 건물이 놓여있는 그 안엔 헉헉거리며 달리기를 하던 넓은 운동장도 그대로 있을 것이다. 땀에 젖은 소금기 담은 얼굴을, 산길을 따라 내려온 차디찬 물줄기에 거친 세수를 하고 난 뒤 바라보면 제일 먼저 눈에 들어오던 키 큰 나무들도 자리를 지키고 있겠지. 나무 울타리를 치고 있던 운동장엔

수필

산에서 내려온 산 까치들이 어미 새 따라 날던 것도 멈추고 우리들을 보던 그 시절, 놀란 어린 산까치보다 더 큰 눈을 뜨며 온몸 가득 신기함과 놀라움을 까르르 웃음으로 표현했던 소녀들. 어린 새 훌쩍 산으로 날아가던 그 길목엔 아카시아 향기가 코를 달콤하게 찌르며 길을 내주고, 키 작은 내 머리 가까이 늘어진 아카시아 꽃잎을 가는 팔 길게 뻗어 한 잎 한 잎 따서 입안에 넣었던 날들…. 꽃 향 멀리 퍼지는 산 아래에서 미술 시간이면 여기저기 흩어져 그림을 그리기도 했던 곳. 그러나 그림에 소질이 전혀 없었던 난, 대충 나무 몇 개와 커다란 산을 작은 도화지에 넣어두고 슬쩍 일어나곤 했다. 그림 대신 마음 안에 산을, 나무들을, 땅의 짙은 열기를, 꽃향기를, 그리고 보이지는 않지만 어디선가 들려오는 새들의 소리를 그려 넣으면 되었다고 자만하던 시절이었다.

무더웠던 여름을 지나 산 위에 피어 있는 코스모스가 가을을 알리면, 산들거리는 바람을 따라 학교 뒷산 흐드러지게 핀 꽃잎들 속에 묻혔다. 꽃보다 바람이 먼저 가을을 알린다는 사실을 느끼기도 했던 자리들. 뒤돌아서며 바라보는 강당의 어느 한 부분은 체육 시간마다 교실로 들어가는 길에 운동장에 쌓아 놓은 나무들을 날랐던 우리들의 흔적이 고여 있을 것이다. 그렇게 만들어진 강당에서 우린 학교에서 마련해준 흑백영화를 단체로 보며 가슴까지 차오르는 갈증들을 풀어냈다. 그 시절《쿼바디스》를 알았고《벤허》를, 실버스텔론의《록키》를,《사운드 오브 뮤직》을 알아갔다. 필름 상태가 안 좋았던지 늘 찌지직거리며 가끔은 소리조차 잘 나오지 않던 흐릿한 흑백영화들. 그래도 보는 내내 모두가 행복했고 손꼽아 기다리던 시간이었다. 그 설렘 중의 하나는 단연코 영화 속 키스 장면이었다. 눈은 긴장된 호기심과 두근거림으로 보면서도 입으로는 다들 약속이나 한 듯 괴성 같은 소리를 숨기지 않고 질러댔다. 강당을 가득 채웠던 카아악~ 소리. 그리고 그 끝에 어김없이 터져 나오던 민망함의 커다란 키 큰 웃음소리들. 엘비스 프레슬리가 나왔던 영화를 본 어느 친구는 그를 광적으로 좋아하더니, 그의 노래를 따라 부르기 시작했고 어느 날 엘비스가 되어 있었다.

봄이었을까 아님, 단풍 고운 가을이었을까…. 그해 소풍 노래자랑에서 단연 일등을 예고했던 그녀 엘비스. 경기도 어느 왕릉 앞에 마련된 무대 위에서 그녀가 엘비스로 소개되어 천천히 걸어 나왔다. 그리고 라디오에서 카세트테이프가 돌아가기 시작했다. 영화 속의 엘비스는 얼굴 없이 노래했고, 그녀는 엘비스가 되어 노래하기 시작했다. 우리는 남자가 아닌 동양의 소녀 엘비스가 노래와 춤을, 그리고 엘비스를 닮은 웃음과 입 모양을 보일 때마다 뒤로 까르르 넘어갔다. 아, 정말 사랑을 하면 함께 하지 않아도 저토록 닮아간다는 사실이 우리에겐 충격이었다.

그리운 순간들이 주마등처럼 스치며 서운한 마음으로 학교 앞을 빠져나왔다. 안타까운 마음에 뒤돌아 바라보니 학교 옆 배밭은 개발이 안 된 모습으로 나무들을 불안한 듯 껴안고 있었다. 보충수업이 있는 날엔 쉬는 시간을 이용해 과수원으로 건너가 즙이 달콤했던 작은 돌배를 사 먹던 과수원 옆길. 그 길은 신내동으로 통하는 길이기도 했다. 가끔은 17번이나 19번 버스를 탔는데 그럼 망우동이 아닌 신내동에서 내렸다. 신내동에서 학교까지 걸어가는 길은 가까운 곳은 아니었지만 난 자주 그 길을 이용했다. 신내동 시골길을 따라가다 보면 억센 들풀만 수북이 나 있는 이름 모를 무덤 곁을 지나기도 했는데, 지날 때마다 무서운 생각보다는 개성에 있다는 황진이의 무덤도 저리 풀이 무성했었을까, 그러니 임제 선생은 그런 시를 지었을까… 엉뚱한 생각을 하며 그 외진 길을 용감하게 잘도 지나다녔다.

그 야트막한 언덕길이 끝나는 즈음에 나타나는 마을. 80년대 초 그 시절에도 믿기 힘들었던, 서울 한 복판에 아담한 초가지붕들을 볼 수 있던 곳이 신내동이었다. 키 높은 나무가 길게 심어진 가로수길. 낡은 기와집 돌담 밖으로 보이는 꽃들이나 집 앞 화단에 심어진 자잘한 꽃들이, 저 홀로 피고 지는 것으로 계절이 오고 가는 걸 말없이 보여주기도 했다. 보라색 수선화부터 과꽃이며 맨드라미, 찔레 장미꽃 그리고 낮은 돌담 밖 엉성한 화단 안에 심어져 있던 붉은 봉숭아 꽃잎들…. 지금은 다 볼 수 없는 옛것이 되어버린 추억들이다.

여중 시절 하굣길에 작은 물엿 하나를 입에 물고 걸어 다니며 봤던, 거리의 약장수가 약을 팔고, 항아리를 만들어 팔던 70년대 후반의 신내동 마을도, 80년대 시베리아 벌판으로 불리던 논밭들도 이젠 아파트 단지로 모두 변해버렸다. 먼지 풀풀 날리던 자잘한 자갈들이 굴러다니던 좁은 도로들도 잘 닦인 넓은 대로가 되었을 것이다. 아니, 그 도로 어느 한 가운데 거대한 찜질방이 단독 건물로 들어섰는지도 모른다. 계절의 바람을 느끼며 걸어 다녔던 그 길들을 볼 수 있을 거란 욕심을 내려놓는 것은 당연한 일인지도 모른다.

석양빛 어두워지는 옛길을 걸어 나오며 먼 하늘을 바라보았다. 텅 빈 하늘 아래 강원도로 가는 기찻길만 놓여있던 곳에 이젠 높직이 세워진 새 아파트가 삐죽 고개를 내밀고 있었다. 추억에 잠긴 나와 아쉬움에 흔들리는 마음이 함께 저물어가는 그래도 행복한 봄이다. 아주 오래전 저 하늘 위에 석양빛이 너무 고와 가던 걸음을 멈추고 황홀하게 바라보던 그 자리. 석양빛 하늘에 섬이 있고, 바다가, 호수가, 그리고 나무들도, 또한 이름 모를 동물들이 석양빛 저녁 하늘 위에 산다고 그렇게 믿고 싶었던 순수했던 날들.

찬기를 거둔 바람이 불었다. 되돌아갈 수는 없어도 그리움으로 남아있는 추억이 있다는 것은 얼마나 고마운 선물인가. 고국에서의 봄은 그렇게 날 반겨주고 있었다.

지경민

경기도 출생. 2004년 『시사문단』 수필 신인상, 제37회 한국일보 문예공모전 시부문 「애벌레의 어느 하루」 당선. 달라스한인문학회 회원. 《주간포커스텍사스》 기자.

수필

장편소설로 온 고래

최정임

천명관 소설가는 『고래』라는 장편소설로 이미 살아있는 전설이 되었다. 책의 부피는 시대를 초월한 부피와 두께가 독자를 압사하게 한다. 요즘은 '스마트 소설'이다, '디카시'다 하는 가벼운 장르로 세상이 달라졌다. 황석영의 『장길산』, 박경리의 『토지』, 조정래의 『태백산맥』 같은 대하소설에 함몰되었던 독자들은 이제 가벼운 장편도 감지덕지 읽고 있다.

2004년에 문학동네 소설 신인상으로 등단한 천명관이 40대에 쓴 『고래』가 이제야 각광을 받다니. 부커상 최종 후보까지 올라가 상은 못 받았으나 작품의 진가는 놀랍도록 올라가 세계적으로 한류 K-문학으로서 뭇시선을 집중적으로 받고 있다.

녹음이 성큼 다가온 유월은 나에게 특별한 달이다. 사월에 『고래』 58쇄가 출간되었다는 소식을 접했다. 책을 구입해 놓고 라스베가스한인문학회에서 독서와 문학 특강을 요청받아 여행 준비와 강의 자료를 준비하느라 책에 눈도장만 찍었다. 오월 초에 캘리포니아 일주를 하고 여행과 보름 동안의 긴 여정을 마치고 돌아와 6월 1일 딸 가족이 5박 6일 여행을 떠난 빈집에서 상상 속 고래와 마주했다.

책 읽기는 내겐 밥을 먹는 것보다도 더 즐거운 생의 진수성찬이다. 밥은 생명이고 만찬 혹 소찬이라도 삶의 질을 생성시킨다. 나에게는 밥과 같은 책 읽기의 즐거움은 삶의 질을 높이는 또 다른 생명의 양식이다. 『고래』, 이 기이한 장편소설이 영문으로 번역되어 돌풍을 일으켰다. 달라스 컨템퍼러리 미술관에서 천명관 작가 북 토크가 열려 참석했다. 한국 작가와 미국 여류작가의 예리한 질의에 박신민 통역가가 순발력을 발휘했고 작가와의 대화에서 K-문학이 달라스를 달구었다. 세계 평단의 주목과 북 토크 행사 때 외국인, 한국의 1·5세와 2세 젊은 참석자들을 보고 우리 문학이 세계문학으로 비상하게 된 것에 무한한 기쁨을 느꼈다.

『고래』라는 소설을 한마디로 말하자면, 괴물 같다. 너무 과한 말인가? 수많은 소설을 읽어온 나에게는 소설이라는 문학 장르의 고정관념을 넘어서 상상력의 확장과 파괴를 동시에 주며 독자를 몰아갔다. 노파, 금옥, 춘희, 전 근대에서 80년대 전후, 인간사회에서 도저히 납득할 수 없는 밑바닥 인생 이야기가 가끔은 판소리 장단 같다가 희랍극의 신비적 환상의 찰나로 이어지며 이야기가 어디로 튈지, 내가 그 소설 속 등장인물이 되기도 한다. 처절한 생존의 밑바닥에서, 욕망이라는 거대한 고래에서, 부질없음의 순진무구, 종횡무진, 코끼리 점보까지 등장시켜 동화적 환상까지, 작가의 필력은 압권이다.

노파, 노파 이전에 그녀는 워낙 얼굴이 박색인지라 시집가 신랑품에 안겨보지도 못하고 하루 만에 소박을 맞았다. pg 24를 꼭 읽어 보시라. 그녀가 드난을 살게 된 대갓집 외아들은 반편이로 제구실을 못 한다. 그녀는 그 소년을 돌보게 된다. 이 장의 부제는 귀물이다. 반편이 소년과 박색의 노처녀가 상상 불허의 운우지정. 이 사실이 알려지자, 대갓집 마나님께 죽음의 문턱까지 몰매를 맞고 쫓겨난다. 노처녀는 한밤중에 반편이를 불러내어 개울물에 빠트려 죽인다. 섬찟하고 음습함이… 이래도 되는 게 소설일까? 살인을 해도 법과 양심은 법칙에 걸리지 않는다.

산골 소녀 금복이와 생선 장수, 그리고 바닷가에서 금복은 대왕고래를 만난다. 부둣가에 내팽개쳐진 금복이 생선 장수에게 몸을 내어준 이치는 이제 막 건너온 세상의 법칙이다. 생선 장수, 하역부 걱정이, 영화를 보여준 칼잡이, 전쟁이 지나가고 금복이는 마구간에서 몸을 풀고 쌍둥이 술집 주인과 해후하여 딸 춘희와 함께 산다. 여기까지만 해도 141pg 아직 절반도 넘어오지 못했다. 어린 14살의 소녀 금복에서 이제 세상의 작용과 반작용의 법칙을 넘어 그것은 구라의 법칙까지 넘어온 세월이다. 금복에게 성은 쾌락이 아니고 성매매도 아닌 세상살이의 법칙으로 그 위증 된 법칙에 순종일 뿐이었다.

2부의 평대, 평대라는 지리적 지명이 실제로 있는 것인지? 평대를 주목하라, 개망초가 무성하게 피어 있던 슬픈 듯 날렵하고 처연한 듯 소박한 개망초가 핀 평대에서 금복의 삶은 거대한 욕망의 고래가 되어간다. 평대 다방, 文이란 벽돌공, 생선 장수와 삼륜차, 딸 춘희.

"그녀는 언어에 대한 생득적 능력이 없어 죽을 때까지 벙어리로 살았다."(작가의 글 인용)

드디어 지상에서 가장 천대받던 금복이가 고래 극장의 주인이 된다. 짓이겨 세상에 남루를 몸으로 때우며 살아온 금복이가 남장 변신을 하는 옆길의 소설적 재미와 벽돌공 文의 투입이 소설의 마지막, 춘희를 벽돌 여왕으로 만드는 이상한 길로 흘러간다. 고래의 욕망이 어느 날 잘 번창하던 금복과 극장이 하루아침에 불기둥으로 사라진다. 고래라는 거대한 공용의 욕망이 불기둥으로 산화한다. "진실이란 손안에 쥔 얼음처럼 사라지기 쉬운 것이다"라는 문맥처럼 천명관 작가는 창작기법의 고루함을 팽개치고 문장에 힘이 들어간다. 301pg, 마지막 다섯 줄에서도 이 작품의 강렬한 힘을 느끼게 한다.

"무모한 열정과 정념, 어리석은 미혹과 무지, 믿기지 않는 행운과 오해, 끔찍한 살인과 유랑. 설명할 수 없는 복잡함과 아이러니로 가득 찬 그 혹은 그녀의 거대한 삶과 함께 비눗방울처럼 삽시간에 사라지고 말았다."

3부 공장, 이제 딸 춘희의 이야기로 들어간다. 춘희는 방화범으로 몰려 법이 말하는 "법 앞에는 평등하다"라는 말의 아이러니가 펼쳐진다. 춘희의 생은 자의가 아니라 타의에 의해 빚어지는 생의 굴곡이다. 방화범으로 교도소에 들어간 벙어리이자 거구의 체력으로 세상 이치를 알 수 없는 냉랭한 그 법칙은 누가 만들었는지? … 의 법칙, 법칙, 법칙, 그 법칙의 이유를 알려고 하지 않는다. 춘희는 뭇 죄인 속에 견디고 살아내어 개망초가 만발한 남발안 벽돌 공장으로 돌아온다. 춘희의 생존은 야생동물보다 더 가혹하다.

천명관 작가에게 묻고 싶다. 아무리 소설이라지만 벌거숭이 인간으로 생명을 부지하는 인간을 그려내다니 천형을 받은 인간도 아닌데…. 그 시대 무교육으로 혹독하게 생존해야 하는 생존의 법칙쯤은 춘희에게 제공해야 하지 않을까. 드디어 춘희는 벽돌을 만들어 가마에 불을 붙였다. 작가는 이렇게 적고 있다. "영혼의 희원이 담긴 불길이었다"라고. 춘희가 만든 벽돌은 어느덧 정교해지고 단단해져 갔다. 우리의 주인공 춘희는 남발안 벽돌 공장에서 홀로 생존 본능의 가혹한 시간을 보낸다. 야생동물의 생존 본능인지 인간의 생존인지 극한과 상상 불허의 존립 과정을 그려낸다. 춘희의 젊음은 중력의 법칙으로 망가지고, 깊은 고독과 사라진 사람의 그리움으로 가득 차 있었다.

어느 날, 트럭을 타고 온 사내, 다시 사라진 사내, 춘희는 혼자 사내의 딸을 낳았다. 폭설에 사내도 죽고 아기도 죽었다. 춘희는 우렁차게 목이 찢어질 듯 처절하게 울었다. 춘희는 자신을 임신시켜 놓고 떠난 사내의 무책임을 자신의 고통과 연관시켜 생각할 줄 몰랐다.

"그녀에게 있어서 고통은 자신의 내부에서 일어나는 현상일 뿐 그 누구의 탓도 아니었다."『고래』라는 작품의 전체 흐름이 이러하다. 춘희는 다시 벽돌을 구워내며 고통과 외로움을 잊어갔다. 춘희의 벽돌을 만드는 열정은 감동적일 만큼 순정하고 치열했다. 이 작품의 클라이맥스라 할 만큼 독자를 매료시킨다. 작가의 철학과 어떤 경지가 406~407pg에 다 담겨 있다고 본다.

"몇 년이 흘렀다. 그녀는 홀로 벽돌을 굽고 있었다."

석 장의 빈 여백 아래 적힌 글 한 줄, 그 여백에 까만 눈물 몇 방울이 떨어졌다. 최 하층민으로 그려진 금복과 춘희의 주변 사람들, 이민자의 뿌리째 뽑혀와 그 언어와 문화적 차별의 허기진 삶이었다고 한들 "아무렴 그렇지, 그렇고말고"라는 노랫가락처럼 『고래』의 작품 속 그녀들처럼 처절하진 않았다. 소설의 다양성을 여러 층 체험해 왔지만, 이처럼 처절한 생존의 법칙을 파괴하는 소설은 처음 만났다. 나에게 천명관 작가는 최소한의 인간 생존을 말살시키고 본능까지 제거한 발칙함으로 다가왔다. 인간의 예의와 도덕과 의식주, 무교육으로 금복은 여자로서 치마를 벗을 때 생존이고 구걸이다. 성으로 사랑이나 쾌락, 한순간도 그녀는 성의 본질을 느끼지 못했고 춘희의 생도 오직 코끼리와 관계에서 환상적 사유의 삶을 즐겼을 뿐이다. 천명관 작가의 다른 작품을 아직 읽어 보지 못하여 『고래』로 처음 안부를 물어왔다.

처절한 싸움의 끝에 에필로그 하나: 작가는 이 장에서 독자의 검은 눈물을 닦아준다. 시인으로, 그녀를 위무한 시 한 편으로 독자의 형언할 수 없는 슬픔을 위무한다.

에필로그 둘: 벽돌 여왕이 만든 붉고 단단한 벽돌로 고래극장이 완성되고 천형의 거구 춘희는 30kg의 뼈만 남아 봄 햇살 받으며 사라진다. 죽음은 동화가 된다. 점보 코끼리의 등에 업혀 두둥실 떠난다. 안녕 꼬마 아가씨, 춘희. "여기는 아주 고요해." "코끼리 너도 안녕."

기이한 소설이다. 생명이 태어났는데 하느님은 어디 가고 생존의 최전선에서 생피를 흘린 저 날 생의 처참함이 오래도록 이 가난을 견디게 할 것이다.

　나에게 소설 『고래』는 거대한 파열음 속에 고요로 오랜만에 텅 빈 집에서 깊이 고래에 함몰된 나흘간의 긴 여행이었다. 이 책의 슬픔은 오래도록 나의 허기를 채워줄 것이다.

　심사평에 임철우 소설가의 한마디, "불굴의 혼을 지니고 태어난 아마조네스이거나…." 은희경 소설가, "언어 조탁 효과적인 복선 기승전결 구성 등의 기존 틀을 해설할 수 없는 것이다." 신수정 평론가, "영원한 설화의 세계를 근대적인 시간성의 세계속으로 불러내는 작업…." 류보선 평론가와의 인터뷰, "낯선 것의 힘, 제도 바깥에서의 허기, 혹은 이야기꾼은 어떻게 단련되었는가." 등을 읽었다. 내가 글을 쓸 때도 제도 밖의 허기와 깊이 따돌림 받음을 느꼈다. 황석영, 김지하, 백기환, 리영희, 내 서가에 그들의 책, 읽고 보고 느끼고 글의 힘이 된 분들이다. 이청준, 이문구, 이문열, 김승옥, 최인훈, 헤밍웨이와 보르헤르스, 그리고 도스토옙스키, 카뮈, 카프카도 쉼 없이 찾아온다. 물, 흙, 불의 유기적 조화, 코끼리, 걱정이, 고래, 춘희, 이 순수성이 작가의 순수성에서 나오는 결이 아닐까. 하위주의와 허무주의, 무소유와 무교육, 이 모든 것들의 실현이 상쇄된 『고래』와 천명관 작가가 내 마음속에 낙인찍혔다.

　"하지만 이런 즐거운 고통 없이 책 읽기란 얼마나 지루할 것인가"라는 마지막 한 구절의 절묘함에 다시 공감한다. 작가의 영혼이 아득한 우주 공간을 떠돈다는 것을 믿는다. 딸이 영문판 『Whale』을 읽으라고 권한다. 고래에게도 날개가 있다. 그리고 이야기는 계속된다. 이 말을 믿으며 다음 작품을 기대해 본다.

두 편의 콩트를 읽고

콩트는 문학 장르에서 약간 비켜나간 단편 소설과는 또 다른 장르이다. 단편 소설보다 짧고 수필과는 다른 인생의 한 단면을 예리하게 팩트를 포착하여 짧은 문장이라도 소설이어야 한다고 알고 있다. 『달라스문학』지에 김양수 선생님께서 입회한 후 처음으로 콩트라는 장르의 작품을 발표하셨다. 나에게 그리 익숙하진 않지만, 콩트란 이런 것이구나 하고 생각하게 했다. 『달라스문학』 12호부터 18호까지 한 장르만 고집하며 콩트만 발표하셨다. 18호까지 실린 작품을 다 읽어 본 나로서는 콩트가 주는 문학성의 힘이 김양수 선생님의 온화한 품위와 감추어진 역동성을 발견하게 한다. 콩트의 팩트가 독자의 마음을 끌어당기게 하는 마지막에 가서는 파열음을 폭소 아니면 주제의 결을 함축적으로 폭로한다.

18호에서 「가난한 부자」와 「목격자」란 두 작품을 12월에 읽고 삼월 초순에 다시 읽었다. 두 작품은 하나의 결말을 내게 가져다주었다. 그것은 바로 고희를 넘기지 않으면 쓸 수 없는 작품이란 결론이었다. 인생사의 깊은 회한과 우리 삶의 기저에 자리 잡은 견디기 힘든 어떤 경박 감이 득세하는 모습을 잘 관통한 작품으로 가슴을 무겁게 내리눌렀다.

「가난한 부자」에서 윤 사장이란 한 개인의 삶도 이민자로 사업을 성공시키기까지 처절한 구두쇠라고 불릴 만큼 철저한 관리를 하며 회사 경영에는 남들보다 더 인건비를 넉넉하게(이런 면에서 구두쇠라니) 주며 경영을 키워왔다. 직원인 상규라는 화자의 눈으로 본 윤 사장의 비밀스러운 사생활을 상규의 주관적 아니 세상의 속된 시야로 바라보게 된 동기, 타일러라는 도시로 골프하러 갔다가 그곳에서 윤 사장과 젊은 여인의 손에 잡힌 아이를 보게 된다. 인간은 세상을 보는 각도가 지나치게 조명을 비추고 열광하거나 지나치게 폄하하기도 한다. 이것이 인간의 집착이거나 취향이 아닐까? 지독히 구두쇠인 윤 사장의 사생활을 상규가 본 그대로 작금, 시류에 따라 윤 사장의 인생 전부를 폄하하며 큰 비밀을 혼자 멋대로 상상한다. 어느 날 윤 사장과 상규의 대화에서 자식들의 대학 학자금 준비가 되었느냐는 얘기가 오간 부분이 있다. 이 모든 콩트의 기조가 상규의 일률적인 인간의 편견을 넘어서는 사건이 윤 사장이 죽은 이후에야 알게 된다. 양녀의 뒷바라지와 그녀가 하는 고아원을 돕고 상규의 자녀 교육비로 유산을 남기고 돌아가신 사실을 장례 후에 변호사로 양녀의 입을 통하여 알게 된 장례식장에서 눈물 한 방울 흘리지 않던 상규의 울음보가 터진 것으로 글이 마무리된다. 이 작품에서 말하고자 하는 것은 상식적이고 터부에 가까운 시각으로 바라보는 가증스러운 인간의 상상력과 사회 전반에 깔린 비행에 인간은 많이 침식되어 한치도 벗어날 수 없다는 인식에 대한 반전이다. 이 작품은 사람을 폄하해서는 안 된다는 강한 메시지를 던져준다.

「목격자」라는 작품의 초반부는 50~60년대 갱단들이 활약하는 서부영화 한 편을 보는 듯했다. 포레스트벅이라는 작은 마을 주유소에서 마약 밀매단(?)들의 거래 중 벌어진 사건이다. 거액의 가방 하나를 획득한 순진하고 세상모르는 목사의 아들, 예수의 가르침에 따라 그 길을 조용히 걸어가고 있는 로이의 심적 변화와 파장이 잘 드러나 있다. 또한, 그 현장을 흔들의자에 앉아 초점 없이 바라보는 주유소 주인 할아버지, 작품 초장의 전개는 매우 빠르게 극적인 사건이 펼쳐질 것 같다는 위기감으로 읽었다. 주유소 주인 할아버지의 매우 단조로운 시선으로 세상을 바라보는 한 폭의 그림 같은 풍경, 그리고 낡은 볼보 세단을 덜덜거리며 끌고 온 로이 해링턴, 주일학교 교사, 다시 빨간 콜벨, 납작하고 날렵한 차가 등장한다. 그 후 마약범들이 가방 네 개를 차에 던져 싣고 사라지려던 순간 로이가 그들이 떨어트린 가방 하나를 주려고 소리쳤지만, 차는 사라졌다. 로이는 그 가방을 싣고 그 차 방향으로 질주하다가 콜벨 차가 사라진 시골길에 차를 세우고 가방 속에 든 거액의 돈을 확인한다. 인간의 감정과 목사 아들로 하느님의 묵비를 듣고 갈등한다. 이 작품에서 로이는 인간의 욕망과 결탁하지 않고 신학을 하면서 세상 욕망을 버리기로 한 지극히 선한 감정의 격돌로 결국 선한 마음의 선택을 하고 경찰서로 향한다. 목격자의 주인공은 로이가 아닌 주유소 주인 할아버지였다, 눈이 먼 할아버지는 "돈, 그 지폐는 악하지도 선하지도 않다"라고 하면서 로이가 그 돈을 선한 곳에 쓰기 바랐다.

인류의 운명이나 미래보다는 개개인의 생각과 사소하고 지리멸렬한 스토리 텔링으로 인간 군상을 담아낸 상징성이 높이 평가될 작품이다. 「가난한 부자」는 제목이 너무 평이한 것 같다. 그래서 이 작품을 수면 아래로 보여주는 것 같다. 위의 제목은 작품성의 상징성을 너무 리얼하게 보여준다. 상규의 상상이 굴절됨을 과감히 거부하는 굵직한 그 무엇? 아님, 희극적 혹 비극적 가슴 저 밑바닥을 뒤흔들 감동적 제목? 아님, 이 시대 인간의 탐욕과 글로벌 시대의 소시민적 사고를 깨트리는 발상의 제목? 그게 뭘까?

이 콩트 작품의 전체 흐름은 반전에 있다. 작가에게 이 작품의 제목에 반전을 기대해 본다. 콩트를 다 읽고 나는 내게 말했다.

'가난하므로 행복하였네.'

「목격자」라는 작품이 주는 묵시적 현상은 처음 시작 부분에서 부활극의 갱단 출몰로 매우 음습한 기류를 담아 독자를 긴장시켰다. 그러나, 이 작품은 종교적 성향과 윤리를 뛰어넘는 젊은 신학도로 세상 잣대와 전혀 다른 새로운 선택으로 작품의 흐름을 끌어가지만, 콩트의 팩트는 눈먼 주유소 할아버지가 주인공이 되는 놀라운 반사작용으로 끝을 맺는다.

우리가 작품을 읽을 때 어떻게 읽어야 하는가를 생각하게 한다. 능동적 읽기와 비판적 읽기로 앞과 뒤, 옆과 크기, 넓이와 깊이를 가늠하면서 읽어야 한다. 능동적 읽기란 저자의 작품으로 완성되는 것이 아니라 독자의 소화로 완성된다는 것을 말하고 싶다. 작품 후기를 마치며 17호부터 작품을 모두 섭렵한 사람으로서 김양수 선생님께 한 말씀 드리자면, 작품이 창의적이고 소재의 팩트도 강렬하며 구성이나 흐름도 독자를 웃고 울고 '아하!' 하는 감탄사가 나오게 하고, 주제에 인간의 본성을 자극하여 마지막 자신을 돌아보게 하는 좋은 작품이지만, 대부분 그 배경이 미국적이고 한국 정서와는 좀 동떨어진 느낌을 많이 받았다. 우리는 조국을 떠나 미국에서 한국문학을 하는 달라스의 문학인이다. 물론 이민 온 지 오래되어 젊은 청년 시절에 온 그 긴 세월이 작품에 다 배어 있어 연륜의 삶이 작품의 소재가 될 수밖에 없을 것이다. 하지만, 다음 작품에서는 한국인의 정서와 조선의 맥을 이어가는 새로운 작품을 기대해 본다. 너무 무리한 나만의 생각인가.

두 작품은 수작이다. 김양수 선생님만이 쓸 수 있는 미담 같은 콩트이자 탁월함이 돋보인 작품이었다. 노고에 박수를 보낸다.

최정임

『에피포도』문학상 시, 『해외문학』신인문학상 수필 등단. 제4회 미주카톨릭문학상 시부문 신인상. 칼럼니스트. 달라스한인문학회 회원. 에세이집 『책 읽는 여자』.

수필

위선

함영옥

텍사스의 겨울 날씨치고는 이변이다.

아직 초겨울인데 영하의 날씨에다 비바람까지 몰아쳐서 한 번도 입지 못했던 패딩을 입고 목도리까지 두른 후 호수로 향했다. 집에서 5분 거리인 호수공원엔 여느 날과 달리 인적이 없었다. 보통 때 같으면 조깅하는 이웃 주민이나 보트를 타는 사람, 낚시를 하는 사람들이 있기 마련인데, 오늘은 한 사람도 볼 수 없었고 바다도 아닌 호수 바람이 이렇게 사나운지 몰랐다. 금방이라도 광풍에 날아가 버릴 것 같아 후드를 덮어쓰고 방파제로 향했다.

방파제에 이르자 바람은 더욱 거세지고 영하의 날씨는 볼을 에는 듯 따가웠다. 방파제 끝자락에 까만 두 점이 금방이라도 바람에 날아 가 버릴 듯이 흔들리며 서성였다. 내가 한 50미터 전방쯤 이르자 두 물체가 쏜살같이 나에게로 돌진해 왔다. 고양이였다. 맙소사, 겨우 먼동이 튼 이른 아침인데, 그 추운 날씨에 제집에서 기다리지 않고 밖에 나와 나를 기다리고 있었던 것이었다. 반갑다고, 기다렸다고 내 주위를 맴돌며 팔딱팔딱 뛰는 녀석들이 안쓰러워 내 코트 자락을 펼쳐 바람을 막아주었다. 가엾은 생명체를 보며 가슴이 먹먹해져 왔다. 다른 날 같으면 밤새 낚시꾼들이라도 있어서 낚시 밑밥을 얻어먹기도 하고 밝은 방파제 전등불 밑에서 낚시꾼들

주위를 맴돌며 장난도 치고 잘 놀다가 지치면 방파제 돌 섶 사이 제 집으로 들어가 둘이 함께 늦잠을 자기도 하는데, 오늘은 날씨 탓에 밤사이 아무것도 먹지 못하였는지 이른 새벽부터 나와 나를 기다리고 있었던 것 같았다. 하긴 어제 아침에 우리가 준 것 외엔 텅 빈 호수에서 저녁도 굶지 않았겠나 싶었다. 나는 가지고 간 고양이 밥을 꺼냈다. 그릇에 담아주자 허겁지겁 배를 채우고 볼일을 보더니 추위 탓인지 평소처럼 고맙다는 애교도 없이 얼른 제집으로 들어가 버렸다.

내가 그들을 발견한 것은 한 6주 전쯤으로 기억된다. 매일 아침 7시쯤이면 운동하러 나간다. 호수 옆 공원에 있는 트랙을 돌고 있을 때였다. 건너편 방파제 끝자락에서 무언가 작은 물체가 움직이는 것이 보였다. 한참을 주시해 보니 분명히 무엇인가 움직이고 있었다.

며칠 전 내가 트랙을 걷고 있을 때, 큰 나무 밑에 내 주먹보다 작은 황금색 고양이 새끼가 바들바들 떨고 있는 것을 보았다. 지나가던 큰 개가 그것을 보고 으르렁 대자 새끼 고양이는 겁에 질려 나무 기둥을 붙잡고 울고 있었다. 나는 큰 개를 막아서 고양이를 안심시킨 후 주위에 어미 고양이나 다른 새끼들이 있는지 살펴보았지만, 보이지 않았다. 트랙을 다 돌고 난 후에도 새끼 고양이는 그 자리에 그대로 웅크리고 있었다. 그냥 집으로 올 수가 없어서 애니멀 쉘터에 전화를 걸었다. 대답인즉, 어미가 와서 데려갈지 모르니 24시간을 지켜보다 그때 다시 연락하라고 했다. 이튿날 아침에 아들과 함께 공원 주위를 찾아보았지만, 새끼들은 보이지 않았던 터라 혹시 그들의 무리가 아닐까 하는 생각이 들었다.

건너편 방파제로 가까이 가서 보니 고양이 새끼 두 마리가 신나게 놀고 있었다. 인기척에 놀라 후다닥 방파제 밑 제 집으로 숨어 버렸다.

그날부터 나는 매일 아침 트랙을 걷기 전 이 어린 고양이 새끼 두 마리에게 먹이를 주는 임시 보호자가 된 셈이다. 시청과 동물보호소 등 아는 한도 내에서 전화를 걸어 사정을 얘기하고 이들을 거두어 줄 것을 호소했으나 알았다고만 할 뿐 아무런 후속 조치가 없었다. 심지어 공원 청소하는 청소원 또는 순찰 나온 경찰과 소방대원에게도 사정하였지만, 한결같이 알았다고만 할 뿐 아무도 도와주지 않았다.

다시 지인들과 교회 식구들에게 가여운 고양이를 입양하라고 설득하였지만, 허탕이었다. 나중에는 우리 집 강아지 수의사한테까지 사정해 보았지만, 고양이는 야생에서도 적응력이 좋으니 그냥 두라고 했다. 동물보호소에서 데려가도 입양자가 없으면 안락사시킬 수밖에 없다는 것이었다.

인터넷에서 동물 구조 장면을 자주 본다. 볼 때마다 감동받고 참 좋은 사람들이 많다고 생각했다. 그러나 내가 겪은 현실은 아주 딴판이었다. 가끔 동물보호센터 같은 곳에서 유기 동물을 입양하라며 강아지나 고양이를 데리고 나와서 캠페인 하는 것도 본 적이 있다. 한데 왜 내가 요청을 한 기관들은 모두 묵묵부답일까? 날씨는 점점 추워지고 겨울비라도 내릴 때면 자연 배수구가 없는 인공 호수는 금방 물이 방파제 위까지 차오른다. 그뿐만 아니라 방파제 돌 틈엔 뱀들도 많아 어린 고양이들이 걱정되었다.

5년 전쯤인가, 시에서 오리 다섯 마리를 호수에 풀어놓고 기르기 시작했다. 봄이면 오리들이 새끼들을 부화시켜 오리 식구들이 호수를 노니는 모습이 그림처럼 아름다웠다. 어느덧 오리들은 백여 마리가 되어 호수풍경이 장관이었는데, 점점 마릿수가 줄어들더니 지금은 30여 마리 남았다. 사실인지 모르겠지만 사람들 이야기에 의하면 호수에 크로커다일이 살아서 오리들을 잡아먹는다는 것이다.

그 무렵 아침이면 남편과 낚시터에 나오는 캐티를 만났다. 전후 사정을 듣고 난 캐티는 그날부터 나와 함께 고양이들을 매일 아침 보살피기 시작했다. 내가 주로 고양이 먹이들을 사서 나르고 캐티는 매일 아침 8시면 호수에 나와 고양이 먹이를 챙겼다. 캐티의 친구 패티도 합류했다. 우리는 고양이 입양을 알아보고 추워지는 겨울 날씨를 걱정하는 동안 어느덧 2개월 가까이 지났다. 모두 걱정은 하면서도 셋 중 아무도 자신이 입양하겠다고 나서는 사람은 없었다.

우리 집엔 심장병을 앓고 있는 16살의 시추와 신장병에 시달리는 15살의 말티즈가 있고 남편마저 건강에 이상이 생겨 입양이 힘든 형편이었다. 캐티는 50대이지만, 남편의 반대로 입양을 꺼렸다. 패티는 이미 2마리의 고양이가 있어 입양이 힘들다는 게 이유였다. 캐티는 정말 지극 정성으로 고양이들을 보살피는 것 같았다. 그녀의 집은 남편과 둘이 살면서 수영장까지 딸린 아름다운 정원을 갖춘 안락한 가정이었다.

남편의 잦은 병원 출입으로 며칠 만에 호수에 갔을 때, 공원에서 고양이를 볼 수 없었다. 추워지는 날씨와 불어나는 호수 수량이 걱정되어 결국 패티가 고양이 2마리를 임시로 집으로 데려갔다는 것이다. 나는 "너희들은 분명 천사들이야, 정말 고마워"하며 내가 할 수 있는 찬사들을 모두 쏟아내며 고맙다고 하였다. 그 순간 그들이 천사처럼 보였고 정말 고마웠다.

그로부터 며칠 후 고양이 먹이를 사 들고 캐티의 집을 방문하였다. 고양이들의 재롱을 보고 싶어 하자 캐티는 고양이들은 지금 여기 없다고 했다. 깜짝 놀라 어떻게 된 거냐고 묻자, 남편이 반대해서 애니멀 쉘터로 보냈다는 것이었다. 가슴이 철렁 내려앉는 것 같았다. 그곳은 내게 조금 익숙한 곳이다. 일 년에 한 번씩 시에서 간단한 예방 접종을 저렴한 가격으로 봉사하기 때문에 몇 번 간 적이 있다. 하지만 예방 접종뿐 아니라 키우던 동물을 더 이상 보호할 수 없을 때 그곳에 맡기려고 오는 사람들도 많았다.

한 번은 잘생긴 저먼 셰퍼드 두 마리를 데리고 온 사람이 있었다. 왠지 예방 접종실로 가지 않고 다른 방으로 가는 것이다. 그런데 그가 나올 때는 빈손으로 나오는 것이 아닌가! 그곳에서는 2주간 입양자가 없으면 안락사를 시켜 버리는데, 하필 왜 그곳이었을까?

너무나 담담하게 남의 말 하듯 하는 캐티를 보며 예쁘다고 귀여워하며 사진을 찍고 비디오를 만들던 캐티의 얼굴이 오버랩되어 혼란스러웠다. 2주 후의 그들은 어떻게 되느냐고 묻자 그냥 모른다고 했다. 입양자가 없으면 안락사시킬 것 아니냐고 묻자, 그것도 모른다고 했다. 서운한 마음을 더 이상 표현하지 못하고 입을 다물었다. 마치 "그러면 네가 가서 데려오렴" 하는 것 같아서였다. 고양이들에게 미안한 마음을 어쩔 수가 없었다. 차라리 호숫가에 두었으면 자유롭게 뛰어놀고 낚시꾼들에게 먹이도 얻어먹으며 사는 게 낫지 않았을까 생각하니 미안하고 슬펐다.

어릴 적에 집에서 닭과 돼지를 기른 적이 있다. 어릴 적 나의 동물관은 딱 그만큼이었다. 처음 애들이 강아지를 집에 데려왔을 때 나는 무척 꺼렸다. 집안에서 동물을 키운다고? 나는 강아지 밥그릇도 보이지 않는 곳에 두고 강아지가 어지럽히는 모든 게 불편했다. 그러나 16년이 지난 지금은 한시도 떨어지지 않으려는 말티스와 한 침대에서 잔다.

어느 날, 강아지 털을 깎아 주다가 아주 살짝 가위로 살갗을 집은 적이 있다. 비명을 지르는 강아지보다 내가 더 놀라서 나는 더 큰 소리로 비명을 질렀다. 그때 강아지도 그냥 동물이 아니라 우리와 같이 아픔을 느끼는 감정과 신경이 살아있는 생명체라는 것을 다시 한번 느꼈다. 우리가 기르는 강아지 두 마리는 나의 동물에 대한

인식을 바꾸어 주었을 뿐 아니라 동물에 대한 나의 내면을 더욱 깊이 있게 만들어준 귀한 반려동물이다.

어린 새끼 같았던 고양이 중 한 녀석은 벌써 임신 중이었단다. 만약 그대로 두었다면 어떻게 되었을까? 짙은 회색 고양이인데 사람을 잘 따르고 애교가 많아 이름을 '그래이'라고 지어주었다. 그 녀석이 벌써 임신까지 했던 모양이다. 또 한 녀석은 흰색과 검정이 섞인 예쁜 녀석인데 극도로 사람을 기피해 눈만 마주쳐도 제 처소로 들어가 고개만 빼꼼히 내밀고 주위를 살피는 아주 소심한 녀석이라 이름을 '샤이'라고 지어주었다. 천진난만하게 호숫가 방파제에서 뛰어놀던 녀석들이 쉘터의 좁은 철창에 갇혀 입양의 손길만 기다리다 2주 후 운명한다고 생각하니 어쩔 줄을 모르겠고 모든 게 내 잘못 같아 미안하기가 그지없었다. 불쌍하고 귀엽다며 매일 아침 천사처럼 굴던 세 사람의 마음속 진실은 무엇이었을까? 그 많은 대답 없는 단체의 실체는 무엇일까? 물론 유기 동물들이 모두 입양된다는 법은 없지만, 그래도 서운한 마음이 들었다.

반백 년을 한동네에 살면서 길냥이를 본 것은 이번이 처음이다. 이곳 주택가는 너무나 조용하다. 마치 빗자루로 깨끗이 청소한 거리처럼 조용한 동네라서 비루한 동물들이 헤매는 것을 본 적이 없다. 값싼 동정심이었을까? 아니면 선한 사마리아인 흉내라도 냈던 것일까? 분명히 그들의 운명의 끝이 어디인지 알았을 터인데, 어떻게 그들을 쉘터로 보냈을까?

아직 전하지 못한 고양이 먹이가 들어있는 사료 봉투를 앞에 놓고 어쭙잖은 나의 선행이(?) 악행이 되어버린 듯한 죄책감이 떠나질 않았다. 차라리 모른 척했더라면, 아직도 방파제 위에서 천진난만하게 뛰어놀고 있을 터인데, 내 손으로 그들을 버린 것 같은 죄책감에 마음이 몹시 무거웠다. 2주가 지나도록 아무 소식도 듣지 못했다. 혹시나 그들이 방파제로 다시 돌아오지나 않았을까 싶어서 자꾸만 눈길이 그리로 흘러갔다.

함영옥

2001년 『미주문학』 수필부문 등단. 한국외국어대학 졸업, UT Pan American University Accounting 수료. 달라스한인문학회 회원.

학교에서 서울로 단체여행 중에 생긴 일이다. 서울 어디엔가 대포를 진열해 놓은 곳이 있었다. 고불통은 그곳에서도 장난기와 호기심은 발동이 걸렸고 또 그로 인해 고생을 무지무지하게 한 사건이 생겼다. 대포알이 튀어나오는 구멍에다 고불통 자신의 머리를 집어넣은 것이다. 하지만 들어간 머리가 빠지질 않아서 선생님과 친구들이 빼보려고 아무리 노력을 해보았지만 빠지질 않았다. 순사가 오고 대포에 머리를 쑤셔 박은 영웅 고불통은 겁에 질려 울고 그런 구경거리가 없었다. 하여간 어떻게 해서 머리는 대포 구멍에서 빠졌지만, 미리통이 벌겋게 부어서 고불통의 머리는 정말 볼만했다. 그 후 고불통의 별명은 하나가 더 붙어 한동안은 고불통이 아닌 대포쑤세미로 불리워졌다. 아버님 어린 시절은 이렇게 고불통과 항상 함께였고, 살아생전 아버님은 어린 시절과 고불통을 무척이나 그리워하시며 신명 나게 우리에게 이야기해 주시곤 하셨다.

-수필, 고불통 中 일부. 김숙영(달라스한인문학회 제2대 회장)

콩트

김양수

콩트

사는 이유

김양수

딱… 따닥… 딱…

어느 작은 건축회사의 양철지붕 위로 도토리나무가 열매를 떨구는 늦가을 일요일 아침. 김 사장은 초조한 마음으로 회사로 향했다. 다음날 그는 새로운 상가 건축계획으로 달라스 시 도시개발부의 엔지니어들과 토지개발계획서를 놓고 토의하면서 승인 여부를 결정짓는 중요한 미팅이 잡혀있기 때문이었다. 상가 신축에서 토지사용계획은 사업의 성패를 결정짓는 중요한 단계이기 때문에 김 사장은 회사가 계획한 대로 승인을 얻어내기를 간절히 기대하고 있었다.

그것보다 김 사장이 초조했던 또 다른 이유는 토지사용계획을 일요일 아침까지 끝내라고 맡겼던 토목기사(Civil Engineer)인 제렡 쿠즈너(Jerret Cuzner)에 있었다. 제렡은 김 사장이 그동안 만나봤던 토목기사 중 가장 탁월한 엔지니어였다. 32세인 그는 코넬대학 건축학과에서 토목공학을 전공했다. 그가 작성한 계획은 늘 별다른 수정 없이 승인되어 왔다. 그래서 여러 큰 건축회사들이 다투어 그를 고용했지만, 그는 한 번도 한 회사에서 6개월을 넘기지 못하고 그만두어야 했다. 이유는 심한 알코올중독 때문이었다. 김 사장은 제렡의 입에서 술 냄새가 나지 않은 아침을 기억할 수 없었다. 그렇다고 할 일을 제때 끝내지 못한 것도 아니다. 아무리 술에 절어도 마감 날짜를 안 지킨 적은 없었다.

"제렡, 주말까지 계획안을 완성해야 해. 만약 월요일에 제출하지 못하면 우리로선 쪽팔리는 건 물론이고 다음 미팅이 언제 다시 잡힐지도 미지수라는 거 알지?"

금요일 퇴근 전 김 사장은 아직도 술 냄새가 나는 제렡에게 다짐 또 다짐을 해두었다.

"제가 언제 마감일을 놓친 적 있었나요? 걱정 마세요 사장님."

제렡은 여유롭게 웃으며 대답했다.

"미리미리 준비한 적도 없었지. 좌우간 일요일에 내가 와서 검토할 수 있게 준비해 놔."

김 사장은 스무 살이나 어린 제렡을 친조카처럼 대해왔다. 정식 직원이 아니고 일이 있을 때마다 쓰는 프리랜서였지만, 알코올중독으로 생활이 완전히 파괴된 그를 위해 사무실 하나를 내어주고 그곳에서 숙식을 하도록 배려해 주었다. 그리고 종종 그가 술에서 벗어날 수 있도록 조언을 해왔다. 그러나 알코올중독자에게 그의 조언은 한낱 잔소리로밖엔 들리지 않았고 술 중독증은 여전히 계속되었다.

김 사장이 회사로 들어서자 역시나 회사 로비부터 진한 술 냄새가 풍겨왔다. 그는 제렡이 술에 절어서 계획안 작성을 팽개쳐버린 건 아닌가 덜컥 겁이 나서 제렡의 사무실로 뛰어들었다. 아니나 다를까 제렡은 사무실 한쪽 벽에 기대앉아 술병을 손에 쥔 채 졸고 있었다. 바닥엔 빈 술병들이 나둥그러져 있었다.

"이런 망할, 제렡! 정신 차려 봐. 계획안은 어떻게 된 거냐?"

제렡은 눈도 뜨지 않은 채 흔들리는 손가락으로 사장실을 가리켰다. 급히 사장실로 들어선 김 사장은 다시 한번 놀라고 말았다. 토지사용계획 도면과 제안 설명서가 여러 부 복사되어 가지런히 정리되어 있었다. 계획안은 완벽했다. 시의 요구를 모두 충족시키면서 건물과 주차장의 면적도 원하던 대로였다. 상하수도, 소방, 빗물 처리, 조경, 진입로 등 모든 설계는 누가 보아도 흠잡을 데 없이 완벽했다.

"짜아식, 술에 절어도 할 건 다 하네. 술만 끊는다면 얼마나 좋을까?"

흡족한 김 사장은 한편 걱정이 들어 제렡에게 다가갔다. 밥도 안 먹고 술만 퍼부었을 제렡이 걱정되었던 것이다.

"제렡. 말할 수 있냐?"

제렡은 그제야 실눈을 뜨고 혀 꼬부라진 말을 했다.

"만족하세요?"

"응, 잘해놨더군. 그만하면 내일 미팅에서 달라스 애들을 설득하기에, 충분한 것 같다. 수고했다. 그런데 너 마지막으로 음식 먹은 게 언제냐?"

"금요일 사장님하고 점심 먹었잖아요."

"맙소사, 그러고 지금까지 술만 퍼부었던 거야?"

제렡은 슬쩍 입술을 씰룩이며 고개를 끄덕였다. 김 사장은 제렡이 쥐고 있던 술병을 손에서 빼내며 말했다.

"내 잠시 다녀올 테니 그동안 꼼짝 말고 여기서 잠이나 자고 있어. 괜히 술 산다고 미친놈처럼 돌아다니지 말고 말야. 알았어?"

제렡은 대답 대신 사무실 바닥에 벌렁 누워 잠들어버렸다. 김 사장은 베개를 꺼내 머릿밑에 받쳐주고 조용히 그 방에서 빠져나왔다.

몇 시간이 지난 오후 한 시쯤, 회사 앞 단골 식당에서 지인과 간단한 점심을 마친 김 사장은 닭죽과 빵을 사 들고 사무실로 돌아왔다. 마침 잠에서 일어나 화장실에서 세수를 마치고 나온 제렡과 마주쳤다. 술 냄새는 진하게 났지만, 신수는 멀쩡해 보였다.

"잠 좀 잤냐? 좀 더 자지 그래…."

"배가 고파서 요 앞에 나가 뭘 좀 먹으려고요."

"술 사러 나가는 건 아니고? 그러지 말고 거기 앉아. 내가 뭘 좀 사 왔으니까."

김 사장은 회의실 테이블에 갖고 온 음식을 올려놓으며 말했다.

"너 말이야, 내가 보는 앞에서 이걸 다 먹어야 돼. 아직 따뜻하니까 어서 먹어라."

김 사장을 말없이 바라보는 제렡의 눈가는 젖어 있었다.

"아버지를 얻은 것 같은 기분이네요."

좀처럼 가족관계에 대해선 말을 아껴왔던 제렡이었다. 김 사장도 무슨 사연이 있을 거라 여기고 그간 아무것도 묻지 않았다. 천천히 닭죽을 몇 숟가락 떠먹던 제렡은 갑자기 숟가락을 떨구고 두 손으로 얼굴을 감싸며 흐느끼기 시작했다. 흐느낌은 오열로 변하고 마침내 그는 아이처럼 펑펑 울음을 터트리고 말았다. 당황한 김 사장은 제렐의 어깨를 흔들며 물었다.

"제렐. 무슨 일이야, 왜 그래?"

서른도 넘은 남자가 저렇게 서글피 울어대는 데는 필시 심각한 사연이 있으리라고 생각한 김 사장은 그가 실컷 울도록 내버려두었다. 한참을 울고 난 제렐은 눈물로 범벅이 된 얼굴을 닦으며 아직도 울음 섞인 소리로 말을 꺼냈다.

"사장님이 저를 울렸네요."

"내가 뭘?"

"저는요, 태어나지 말았어야 할 악마의 자식이에요. 악마의 피가 제 몸안에 흐르고 있다는 사실을 알고 난 후부터 술 없이는 단 하루도 버티기 힘들었어요."

울음을 진정시킨 제렐은 담담히 말을 이어갔다.

그는 오데사 텍사스에서 태어나고 자랐다. 제렐은 한 번도 부모의 얼굴을 보지 못했다. 또한 그의 부모가 누구인지도 자세히 알지 못했다. 그저 할머니 말에 의하면 군인이었던 아버지는 제렐이 태어나기 전 월남전에서 실종됐고 어머니는 제렐을 출산할 때 지독한 산고를 이기지 못하고 사망하고 말았다는 것이다. 그래서 그는 할아버지와 할머니 손에 키워졌다. 오데사에서 석유 시추장비 수리업을 하던 할아버지 내외는 제렐의 교육에 온 힘을 쏟았다. 덕분에 어릴 때부터 사립학교를 다녔던 그는 뉴욕의 코넬대학에 진학해 토목공학을 전공했다.

여기까지가 그가 들었던 부모에 관한 얘기였고 그가 지나온 과거였다. 그러나 5년 전 그가 대학을 마치고 달라스의 큰 개발회사에서 촉망받는 젊은 토목기사로 일할 때 그의 인생이 엉망으로 망가지는 일이 벌어졌다. 할아버지가 일 년 전 세상을 먼저 떠난 할머니를 따라 갑자기 돌아가셨다. 피붙이 없이 홀로 된 제렡에게 할아버지의 죽음은 큰 충격이었다. 그러나 그보다 더한 충격이 제렡을 기다리고 있었다.

"장례가 끝난 후였지요. 아마릴로에 사는 이모할머니가 저를 불러냈어요. 건강이 악화된 이모할머니는 죽기 전에 제가 알아야 할 이야기를 해야겠다면서 저의 부모에 관해 말을 꺼냈어요. 저의 부모는 저의 삼촌이자 고모였다는 거예요."

"잠깐, 삼촌과 고모라면 혹시 남매?"

"맞아요. 할아버지의 아들딸이요."

고등학교를 막 졸업한 오빠와 아직 고등학생인 여동생은 부모가 집을 비운 사이 호기심으로 성적 장난질을 쳤다. 그들의 장난질은 계속 이어졌고 그 끝은 여동생이 덜컥 임신을 해버린 것이다. 철부지였던 남매는 겁에 질려 무엇을 어찌해야 할 지 모른 채 초조한 나날을 보내고 있었다. 여동생의 배가 점점 불러오자 겁먹은 오빠는 군에 지원해서 떠나버렸고 그 후 아무런 소식이 없었다. 딸의 배가 커지는 것을 본 부모는 딸을 닦달해서 모든 자백을 받아 냈고, 아무도 몰래 아마릴로에 사는 이모한테 보내 거기서 조용히 해산날을 기다리게 했다. 오빠가 떠나 버리자, 충격에 빠진 여동생은 출산한 지 사흘 만에 가출해서 사라진 후 지금까지 행방을 알 수 없다는 것이다.

"그렇게 태어난 게 바로 저라는 겁니다. 사장님은 그때 제가 받았던 충격이 상상이 되세요? 저는요 축복 속에 태어난 게 아니라 저주를 받고 태어난 거라구요. 그로부터 술 없이는 단 하루도 버티기 힘들었어요. 제 몸에 흐르는 악마들의 피를 씻어내는 기분으로 독한 술을 퍼붓고 정신이 혼미해야만 잠시나마 그 괴로움을 잊을 수 있거든요. 그들은 저의 부모가 아니라 악마들입니다. 악마가 아니라면 어떻게 무책임하게 그들의 쾌락으로 탄생한 생명을 파멸 속으로 몰아넣고 지금껏 알려고 하지도 않냐 이 말이에요. 저는 그들을 저주합니다. 제가 죽는 순간까지 그들의 영혼을 저주하고 또 저주할 거예요."

아무 말도 하지 않은 채 무거운 침묵이 흘렀다. 한참을 생각에 잠겨 있던 김 사장이 말문을 열었다.

"헤어나기 힘든 어둠이 너를 짓누르고 있었구나. 그런데 제렡. 그건 너의 잘못이 아니잖나. 과정이야 어찌 됐든 너는 순수한 영혼을 가지고 태어난 게야."

"저와 같은 고통을 가져보지 못한 사람들은 그렇게 쉽게 말하겠죠. 악마들의 피가 내 몸에 흐른다고 생각해 보세요. 그러고도 그 영혼이 순수할 수 있을지?"

"듣고 보니 내가 값싼 위로를 했구먼. 그런데 제렡. 혹시 종교에서 길을 찾아볼 생각을 해보진 않았나?"

"했지요. 그 일이 있기 전까지 저는 독실한 크리스천이었거든요. 이모할머니로부터 그 이야기를 들은 후 저는 한동안 잠을 이루지 못하고 충격과 혼란 속에서 방황하고 있었지요. 그러다 결심을 했어요. 직장을 때려치우고 고향 오데사로 가서 어릴 때 다니던 교회에서 저같이 고통을 안고 살아가는 사람들을 위해 평생을 봉사 하리라고요. 그래서 목사님을 찾아갔어요. 목사님은 30년 이상 같은 교회에서 목회하고 있었기 때문에 저를 어릴 적부터 보아왔지요. 목사님은 제가 말하기도 전에 저의 태생에 관해 알고 있었더라고요. 할아버지가 돌아가시기 전까진 어찌어찌 비밀이 지켜질 수 있었는데, 결국 비밀은 감춰지지 않고 교회 사람들은 물론 타운의 모든 사람이 다 알게 되었더군요."

"저런… 하기아 작은 시골 마을에서 소문이란 빛보다 빠르니까. 그래 목사가 너를 받아주던가?"

"아니요. 오히려 그 목사님은 저를 벗어날 수 없는 지옥으로 밀어 넣었어요. 사람들은 저를 악마의 자식이라 부른다더군요. 그러한 저를 교회로 들인다면 교회는 난장판이 될 거고 아이들 교육에도 영향이 있을 거고 절반이 넘는 고집불통 노인들은 교회를 떠나게 될 거고, 어쩌고저쩌고 하면서 난색을 표하는 거예요. 그러면서 이렇게 말하더군요. 자기는 목회자로서 교회가 망가지는 것을 막아야 할 의무가 있으니 미안하지만, 이해해 달라고요."

"그런 형편없는 자가 목사라니. 황폐해진 영혼을 위로하고 구하는 것이 교회의 본분이고 성직자의 의무가 아닌가? 그런데 교인들의 의견도 묻지 않고 단칼에 잘라버려? 아주 이기적인 인간이로군."

"그러게요. 저는 어릴 때부터 그 목사님을 무한히 존경해 왔어요. 그런데 한 영혼을 구하는 것보다 교회가 시끄러워지는 것을 두려워하며 저를 내치는 모습에 그때까지 쌓인 존경심이 와르르 무너지고 말았어요. 그로서 저에겐 저주해야 할 인간이 하나 더 늘어난 셈이지요. 그날 이후 저는 교회를 멀리하고 대신 술을 영접하게 됐죠. 다른 방법이 없잖아요. 저는 아무리 생각해도 살아야 하는 이유를 모르겠어요."

"여자 친구는 없냐? 왜 있잖아. 영화 같은 데서 절망의 절벽 끝에 선 남자가 한 여자를 사랑하면서 새로운 삶을 얻었다는 뭐 그런 얘기 말야."

"이런 꼬라지로 연애를 하라고요? 농담하세요?"

둘은 그저 씁쓸히 웃고 말았다.

며칠 후. 제렐은 "그동안 감사했습니다. 살아야 할 이유를 찾게 된다면 다시 찾아오겠습니다"라는 쪽지 한 장을 남기고 종적을 감추었다.

그로부터 일 년쯤 지난 어느 날, 딱… 따닥… 어김없이 도토리나무가 양철지붕 위로 열매를 떨구는 가을이었다. 김 사장은 오후 늦게 혼자 사무실에 남아 밀려있던 서류를 뒤적이고 있었다. 그때 정장을 말쑥하게 차려입은 한 젊은이가 들어왔다. 그 옆에는 예쁘장한 젊은 여자가 서 있었다. 그는 인사도 없이 웃으며 한마디 외쳤다.

"286일!"

"아니, 제렐! 이게 내가 알던 제렐이 맞는 거냐?"

김 사장은 자리를 박차고 일어나 제렡을 끌어안았다.

"여전히 늦게 남아 계시는군요. 예. 저예요 제렡."

"네 녀석이 도와주질 않으니까 늦게까지 일하는 거 아냐. 그런데 286일은 뭐고, 같이 온 이 예쁜 아가씨는 누구냐?"

"286일이란 제가 술을 입에 대지 않은 날수고 여기 미쉘은 제 약혼녀입니다. 우린 곧 결혼해요. 그 소식을 드리려고 왔어요. 미쉘 인사드려. 김 사장님이셔."

옷차림이 단정한 미쉘은 예쁜 미소를 지으며 인사했다.

"만나 뵙고 싶었어요. 제렡이 늘 사장님 얘기를 하거든요."

김 사장은 몰라보게 변한 제렡을 이리저리 뜯어보며 말했다.

"한국 속담에 사람 팔자 시간문제라는 말이 있지. 그래도 일 년 만에 사람이 이렇게 변할 수가 있나? 자, 앉아서 그동안의 사연을 풀어놔 봐. 나 오늘 시간 많으니까."

그렇게 쪽지만 남기고 떠난 제렡은 무작정 거리를 헤매는 노숙자가 되어 술에 의존하는 나날을 보냈다. 그는 유일하게 자신을 받아주는 김 사장에게 더 이상 추한 모습을 보여주기도 싫었지만, 무엇보다 거리의 노숙자들과 함께하며 그들은 왜 사는지 그리고 자기는 왜 살아야 하는지 답을 얻고 싶었던 게다.

두어 달을 수중의 돈이 거의 다 떨어질 때까지 헤매었지만 그가 원하던 답은 찾지 못했다. 그가 마지막으로 선택한 것은 살아야 할 이유를 모르는 목숨을 버리는 것이었다. 그는 고향인 오데사로 향했다. 동물이 죽을 땐 그들이 태어난 곳으로 간다고 하지 않는가?

수중에 남은 돈을 다 털어 값싼 위스키 세 병을 샀다. 그가 다니던 교회에서 가까운 곳에 버려진 창고가 있었다. 그는 그 안으로 들어가 황량한 벌판 넘어 보이는 교회를 마주하고 술을 마시기 시작했다. 그의 앞에 펼쳐질 새로운 세상을 그려보며 가져온 술을 다 마신 그는 그대로 바닥에 쓰러져버렸다.

긴 혼수상태에서 깨어난 제렐이 눈을 떴다. 새로운 세상에 있어야 할 그는 침대 위에 누워있는 것이었다. 침대 아래엔 한 백발노인이 간절히 기도를 하고 있었다.

"아니, 목사님. 이게 어떻게 된 거예요? 여기는 어디구요?"

"오, 깨어났구먼. 고맙네, 고마워. 다행히 농사짓는 한 교인이 자네를 발견했기에 망정이지… 이틀을 내내 잠만 자더군. 여기는 목사 사택이야."

노 목사는 제렐의 손을 잡아 자기 이마에 비비며 울먹이는 목소리로 말했다.

"제렐. 나를 용서할 수 있겠나? 그때 자네를 내쳐버린 이후 나는 자네처럼 방황하는 삶을 살아왔네. 목사로서 하나님 앞에 큰 죄를 짓고 말았던 거지. 자네를 찾아 용서를 빌고 싶었지만, 그럴 용기조차 나지 않았던 게야. 더욱이 내 딸이 나를 얼마나 나를 구박하던지…."

"저한테 늘 자전거 태워달라며 졸라대던 그 꼬맹이요?"

"맞아. 지금은 꼬맹이가 아니라 스물여섯 살 여인이 됐지. 그때 그날 이후 지금까지 나를 목사로 취급도 안 하고 있어. 나는 그게 더 괴로운 거야. 제렡. 염치없는 부탁이지만 제발 나를 용서해 주게나."

"그렇다면 저를 받아주시겠다는 뜻입니까?"

"물론이지. 자네만 좋다면 말야. 지금도 그때 내게 말했던 그 뜻을 버리지 않았겠지?"

이틀 전 혼수상태의 제렡을 본 목사는 의사를 불러 응급조치를 했다. 다행히 생명엔 지장이 없다는 것이었다. 그를 사택으로 옮겨와 방에 눕혀놓고 나서 목사는 전 교인을 긴급 소집했다. 시골 마을 교회라서 전 교인을 급히 불러 모으는 것은 그리 어려운 일이 아니었다.

노 목사는 교인들에게 제렡에 관한 그간의 이야기를 전하고 그들에게 선택을 요구했다. 교회가 황폐해진 한 영혼을 받아들여 구할 것인지, 그렇지 않는다면 그는 목사로서의 모든 것을 내려놓고 교회를 떠날 것이라는 최후통첩이었다. 교인들은 모두 울컥한 감동에 휩싸였다. 특히 제렡의 조부모를 아는 노인들은 눈물을 흘리지 않는 이가 없었다.

교회가 제렡을 맞이한 이후 제렡은 6개월간 재활센터에서 알코올중독 치유를 받았다.

"저는 할아버지가 남겨주신 옛날 집에서 살고 있어요. 그리고 최근 아마릴로 시에서 도로공사에 관한 설계를 의뢰받아서 집에서 그 일을 시작했어요. 그냥 놀고 먹지는 않으니까 걱정 마시라고요."

"어련하겠냐. 잘 됐구나, 잘됐어. 그보다 궁금한 건 지금도 너의 부모를 증오하고 있나?"

"저에겐 이미 증오니 미움이니 하는 마음은 없어요. 다만 그들의 영혼이 잘되기를 바랄 뿐이죠."

"그럼, 이 아가씨는 그 고약한 목사의 딸?"

"맞아요. 그 고약한 목사의 딸 맞아요. 하하하. 제가 사는 이유를 선사한 여자입니다."

초심

미국으로 이민 와서 난생처음 사업으로 세탁소를 시작했다. 세상에서 가장 좋은 서비스로 손님을 왕처럼 모시기로 다짐했다.

가게를 인수하고 첫날 아침, 딩동- 손님이 왔다.

"와아! 손님 오셨다! 내가 나갈게."

삼 개월 후, 딩동- 손님이 왔다.

"아, 손님 왔다. 나가봐라."

삼 년 후, 딩동- 손님이 왔다.

"에이씨, 저 인간 또 왔다. 달랑 셔츠 한 장에 말야, 모가지는 새까매 가지고 말야, 불평만 늘어놓고 말야…."

초심이란 버리라고 만든 것일까? 재석이네 부부 역시 미국에 와서 처음으로 잡화상을 시작했다. 상호는 조이 트레이딩(Joy Trading). 각종 장신구, 티셔츠, 신발, 장난감 등을 파는 가게였다. 사업을 시작하면서 그들은 결심했다. 물건들이야 경쟁업소들과 별반 다를 게 없고 가격 또한 늘 다른 가게들과 맞춰왔기 때문에 오직 친절한 서비스로 승부를 내야겠다고 다짐했던 것이다.

그러나 세월이 지나면서 그들 부부는 점점 초심을 잃기 시작했다. 하기야 종업원이라곤 달랑 두 명에 물건을 주문하랴, 손님들이 흩트려 놓은 진열대 정리하랴, 계산대 지키랴, 틈만 보이면 당하는

콩트

도둑질 감시까지 하다 보면 늘 스트레스를 받기 마련이다. 손님이 왕이라는 생각은 내팽개쳐진 지 오래였고 손님들은 오직 감시의 대상이 되어버렸다.

그러한 조이 트레이딩엔 오래전부터 아주 특이한 단골손님이 있었다. 말이 단골이긴 하나 허름한 차림의 한 노인이 일주일에 두세 번 가게에 들어와 장난감 코너에서 이것저것 들여다보며 두어 시간씩 서성거리다 손안에 쥘 수 있는 3불짜리 작은 모형 자동차 하나 사는 게 전부였다.

노인이 특별히 관심을 두고 들여다보는 것은 빨간 명품 소방차였다. 제법 커다란 소방차는 조이스틱으로 원격 조정하면 불을 번쩍이며 사이렌 소리를 내고 사다리도 높게 올라가고 이리저리 마음대로 움직일 수 있는 정교한 모형 소방차였다. 노인이 그 소방차에 집착하는 이유는 어린 손주 녀석 때문이었다. 녀석은 매일 어디서 났는지 그 소방차 광고 사진을 보며 입으로 앵앵 소리를 내면서 작은 모형 차를 손에 들고 이리저리 소방차가 달리는 모습을 흉내내곤 했다. 노인은 손주에게 꼭 그 소방차를 사주고 싶었다. 녀석에게 그 소방차를 안겨 주었을 때 놀라 펄쩍 뛰며 좋아하는 모습을 상상하며 그 모형이 있는 재석네 가게를 들르는 게 일상이 되었.

그러나 노인에겐 정교한 모형 차인 만큼 700불이 넘는 가격이 문제였다. 그만한 돈이 있을 턱이 없는 노인은 언젠가는 돈을 모아 저 소방차를 손주 녀석에게 안겨주리라 다짐하며 몇 시간씩 들여다보다가 작은 장난감 자동차 하나 사는 것으로 마음을 달래곤 했던 것이다.

재석이네 부부는 그 노인이 늘 불만이었다. 딱히 방해되는 것은 없지만 누추한 모습으로 비좁은 매장 통로에서 몇 시간씩 서성거리는 노인이 보기에 거슬렸다. 그렇다고 핀잔을 주거나 대놓고 나가달라고 말할 수는 없는 노릇이었다. 비록 3불짜리 장난감이지만 그거라도 사주는 고객임이 분명했기 때문이었다.

"나 참, 저 영감태기만 보면 왠지 모르게 짜증 나."

"그러게요. 당신도 저 할아버지가 들어서면 매장 분위기가 갑자기 구중중하고 싼 티 나는 느낌이 들죠? 나만 그런가?"

"왜 아니겠어. 나가달라는 말은 할 수 없고… 저 영감태기 못 오게 하는 방법이 없을까?"

부부는 노인 퇴출 작전을 생각해 내기 시작했다.

"이 미국에선 이유 없이 손님을 내쫓았다간 고소당할지도 모르지. 그렇다고 그냥 내버려둘 수도 없고…. 그런데 저 영감태기가 매일 들여다보는 게 쌔시 소방차 아냐?"

"맞아요. 730불짜리요. 우리 가게에서 제일 비싼 물건인데 저 할아버지한텐 언감생심 어림없는 액수니까 앞으로도 절대 살 수 없을 거예요."

"그냥 확 줘버릴까? 그럼 안 올 거잖아."

"그 비싼 걸 그냥 줘요?"

"에이, 우리 원가야 얼마 안 되잖아."

"그러다가 재미 들어서 매일 오면 어쩌려고요?"

"듣고 보니 혹 떼려다 혹 붙이는 격이네. 그럼 어떡하지?"

그러다 갑자기 아내가 크게 소리를 질렀다.

"생각났어요, 여보!"

"깜짝이야, 뭔데 그렇게 소릴 질러?"

"그 소방차 당분간 감춰요. 할아버지한텐 팔려서 없다 그러구. 그러다 할아버지가 발길을 끊었다 싶으면 다시 내놓는 거야. 어차피 그건 비싸서 자주 팔리지도 않아요. 우리야 그저 구색 갖추느라고 내놓는 거니까."

그날 이후로 조이 트레이딩 진열장엔 그 쌔시 소방차가 보이지 않았다. 팔렸다는 말에 실망한 노인도 더 이상 나타나지 않았다.

어느 날 오후, 그날따라 유난히 손님이 없어 재석네 부부는 한가한 계산대 뒤에 앉아 걱정 섞인 대화를 나누고 있었다.

"거참, 장사 더럽게 안 되네. 오전에 대여섯 명 들어오고 오후엔 전멸이잖아."

"그러게요. 이럴 땐 차라리 그 할아버지라도 와 있다면 썰렁한 분위기를 면해 줄 텐데…."

"그런 말 하지도 마. 그 영감태기 안 보이니까 속이 다 개운하네. 요즘처럼 한가할 땐 뭐 하고 있다가 꼭 바쁠 때만 골라 나타나서는 좁은 통로에 버티고 서서 거치적거린단 말이야."

"맞아요. 꼭 바쁠 때만 나타나거든요. 왜 얼마 전에 멕시코 보따리장수들이 버스 타고 떼 거지로 들어와서 난리 북새통을 만들 때 그 할아버지가 버티고 서있는데, 오죽했으면 내가 소리를 지를 뻔 했겠어요? 그 할아버지한텐 심술부리는 특별한 재주가 있는지 이렇게 한가할 땐 안 오고 말이에요."

재석은 갑자기 대화를 끊고 천장을 바라보며 잠시 생각에 젖었다.

"가만, 가만… 그러니까 당신이나 나나 똑같이 생각하기론 그 영감태기는 한가할 땐 나타나지 않다가 바쁜 날에만 나타난다는 거지? 바꿔서 생각한다면 영감태기가 손님을 몰고 다니는 거 아냐? 한가하다가도 영감태기가 나타나면 손님이 몰려드는 거 아니냔 말야."

"어머머…. 듣고 보니 그렇네. 한가한 날에 할아버지가 나타났던 기억이 없어요. 생각해 보니까 할아버지가 발길을 끊고 난 후부터 장사가 안되는 거 같네요."

"그 말이 사실이라면 멍청한 우리가 귀인을 쫓아낸 셈이잖아? 어쩌나? 영감님을 다시 모셔 올 수도 없고…. 어디 계신 지 알기라도 해야 말이지."

"하하…. 당신 말투가 갑자기 달라졌네. 맨날 영감태기 영감태기 하더니 갑자기 영감님으로?"

"장사만 잘된다면야 그보다 더 좋은 호칭으로 불러드릴 수 있지. 선생님이 좋을까? 아버님은 어때? 그나저나 그분을 어디서 찾나? 우린 그분에 대해 아무것도 아는 게 없잖아. 발길 끊으신 지 벌써 두 달쯤 됐지?"

"무슨 수를 써서라도 다시 모셔 와야 돼요."

장사가 안되는 날이 계속 이어지던 어느 날, 재석은 친구와 점심 식사를 마치고 가게로 차를 몰았다. 차를 몰며 재석은 가게로부터 두 블록 떨어진 곳에 작년에 새로 오픈한 경쟁업소에 습관적으로 눈길을 돌렸다. 그동안 그 경쟁업소는 규모가 작아서 큰 신경을 쓰지 않고 지내왔다. 그런데 그날은 달랐다. 그 업소 앞 주차장은 빈틈이 없었고 손님들이 연신 들락거리며 성황을 이루고 있었던 것이었다. 놀란 재석은 멀찌감치 차를 세우고 그 가게를 바라보며 구시렁거렸다.

'뭐야, 왜 저긴 갑자기 장사가 잘되는 거야? 무슨 비결이 숨어있는 거 아냐? 이러다가 우리 망하는 거 아냐?'

한참을 바라보던 재석은 소스라치게 놀라며 눈을 비벼댔다. 심장이 멎는 듯했다. 그가 본 것은 가게를 나서는 구부정한 그 노인이었다. '우리가 그동안 귀인을 모르고 있었네' 재석은 차에서 내려 노인에게 달려갔다. 아내의 말처럼 무슨 수를 써서라도 다시 모셔 오고 싶었던 게다. 재석은 노인 앞에 서서 깍듯이 인사했다.

"안녕하세요. 선생님."

노인은 발걸음을 멈추고 갑자기 공손해진 재석을 의아한 표정으로 바라보았다.

"조이 트레이딩 사장님 아니오? 그런데 어쩐 일로?"

"갑자기 저희 가게에 발길을 끊으셔서요. 늘 기다리고 있었습니다. 저희 가게에도 종종 들려주실 수 있겠습니까?"

"난 여기가 좋아. 늘 친절하거든."

"저희도 정성을 다해 모시겠습니다."

"여긴 커피도 주던데?"

"커피뿐이겠습니까, 오신다면 점심도 대접해 드릴 수 있습니다."

혹시 쌔시 소방차를 보시러 이 가게에 오시는 거라면 저희도 다시 들여놓았습니다. 그리고 저희 가게에 다시 오신다면 그 쌔시 소방차를 그냥 드리겠습니다."

"이 가게 주인도 같은 말을 하더군. 맘에 들면 그냥 가져가라고. 그런데 그건 내가 용납하질 않지. 거저 얻은 소방차를 손주에게 준다는 건 아무 의미가 없어. 나는 어떻게 하든 내 손으로 모은 돈으로 제값을 치르고 사서 녀석한테 주고 싶단 말이야. 그게 바로 할애비의 사랑값이거든."

"그러시군요. 그래도 가끔은 저희한테도 들려서 구경하시면 안 되겠습니까?"

"내게 이러는 이유가 뭔가? 장사가 잘 안되는 모양이구먼. 그런가?"

"네. 선생님은 손님을 몰고 다니시는 분이니까요."

"하하하. 하긴 가끔 그런 소릴 듣기도 하지. 좋아, 내 종종 들리지. 그런데 한 가지 조건이 있어."

"뭔데요? 뭐든지 말씀하세요."

"조이 트레이딩에 쌔시 소방차는 짝퉁이지?"

"아니 그걸 어떻게?"

"왜 모르겠나? 쌔시 소방차를 나만큼 아는 사람이 있을까? 이 집도 처음에는 진품을 들여놓더니 어느 틈에 짝퉁으로 바꿔놓고 팔더군. 장사하는 초심이 변하기 시작한 거야. 처음 문을 열 때와는 달리 지금은 손님들을 거칠게 다루기 시작하더군. 이젠 이 집도 틀린 것 같아."

"어째 저희 얘기를 하시는 것 같네요."

"약속할 수 있겠나? 내가 그 가게에 다시 갈 땐 진품 쎄시 소방차를 볼 수 있다고 말야."

"그럼요. 당장 진품으로 바꿔놓겠습니다."

"당신 가게도 처음엔 진품이지 않았나? 젊은 부부가 손님을 대하는 표정이 그렇게 밝을 수가 없었는데…. 장사가 안되는 게 어찌 내가 그 가게를 안 가서일까? 처음과는 달리 당신들 표정에서 점점 웃음기가 사라져서가 아닐까?"

양심을 제대로 찔린 재석은 노인에게 고개 숙여 경의를 표하며 말했다.

"반드시 처음으로 돌아가겠습니다. 죄송합니다. 그리고 감사합니다."

김양수

서울 출생. 1976년 도미. 휘문고, 경희대 중문과 졸업. University of North Texas에서 경영학 석사 (MBA). 달라스한인상공회 회장 역임. 달라스한인문학회 회장.

소설

임영록

아엠유

임영록

-야아아아아오이

그는 괴상한 소리를 지르고 있다. 동물의 울음 같기도 하고, 폭풍우에 허리가 휘며 흔들리는 나뭇가지의 처절한 비음 같기도 하다. 어디로 뛰어 가는지 모르지만, 죽을힘을 다해 뛰고 있다. 마치 백미터 달리기 선수처럼.

나는 그의 앞모습이 공포의 처키이거나 비슷한 모습일 거라는 상상을 한다. 허여멀겋게 치켜뜬 눈, 한쪽 뺨에 무수한 꿰맨 자국, 간악하게 한껏 벌린 입, 그리고 듬성듬성 빠진 이…. 그의 모습을 확인하기 위해 그보다 더 빠르게 질주해 보지만, 그를 따라잡기가 쉽지 않다.

우리의 뛰는 모습을 드론이 내려다보고 있다. 그와 내 옆으로 실개천이 흐르고 허리가 굽은 많은 노송들이 양옆 언덕바지에 빼곡하다. 드론이 매처럼 창공을 선회하다가 사냥감을 발견한 듯 급하강하며 우리를 클로즈업한다. 새로 출시될 클라우드 게임에 그와 내가 결투의 캐릭터가 된 것은 아닐까 생각한다.

내 안에는 나와 또 하나의 그가 존재한다. 그는 가끔 자기 방식대로 움직이고 생각하고 생활한다. 그럴 때마다 나는 느낀다. 혹시 그는 내가 아닐 수도. 거대한 집단의 원격제어로 통제되고 무의미하게 멈춰 있는 착각을 일으키기도 한다.

―두려움 없이, 당신 자신이 되세요.

오늘따라 그의 텍스트는 간략하면서 명징하다. 사흘 만에 보내온 문자다. 그와의 문자 대화는 벌써 오 개월이 넘는다. 처음에 어떻게 시작되었는지, 기억은 나질 않는다. 다만 수많은 사람에게서 오는 텍스트 중에, 그의 문자는 이런 권면 식이다. 처음엔 종교 단체 혹은 비슷한 단체에서 보내오는 스팸으로 생각하고 지나쳤다. 한 달여 계속되는 텍스트에 궁금증이 생겨났다.

―당신은 누구인가요? 나를 아세요?

―세상이 복잡한 이유는 서로가 핑퐁을 하기 때문이에요. 우리는 핑만 하기로 해요.

그의 무례함과 궁금증으로 텍스트를 보내오는 전화번호로 전화를 해보았다. 달그락거리는 기계음만 잠시 들리다가 이내 끊겨 버린다. 전화번호를 블락 시키고 텍스트를 지웠다. 며칠 후에 다시 그로부터 텍스트가 왔다. 다른 전화번호였다.

―본인이 하는 일이 얼마나 한심한지 혹은 얼마나 가치 있는지 따위를 따지지 않는 자유로움과, 또 다음에 벌어질 일들에 대해서 그냥 내버려두는, 조급해 하지 않는 삶, 어때요?

―핑만 한다면서, 왜 내게 퐁을 바라나요. 이런 장난 계속할 건가요?

―묻는 게 아니었어요. 그런 삶의 방식을 소개하는 거예요.

―내게 이런 텍스트를 보내는 당신이 누구인지는 모르나, 당신은 내가 어떤 사람인지 알겠군요. 그러면 내가 맘만 먹으면 당신을 찾아낼 수도 있다는 것을 알 테죠?

-당신을 불편하게 할 생각은 없어요. 단지, 당신이 잃어버리고 사는 것에 대해서 알려주고 싶은 마음뿐입니다. 아무것도 바라지 않아요. 그냥 내 말만 들어주면 안 되나요?

그가 어떤 사람인지 상상해 본다. 사용하는 단어를 살펴보면, 남자일 거 같지는 않다. 투박하지 않고 어딘가 뭉그런 느낌이다. 요즘 학교에서는 성 고정관념이 내재 된 단어는 성평등 단어로 바꿔 말하기로 교육한다지만, 그의 단어에서 느껴지는 감정이 그렇다. 나에 대한 그 어떤 선입관 없이, 내 문자를 날것의 그대로 보고 받아들여 보세요. 물론 그가 그렇게 문자를 보낸 것은 아니지만, 그런 생각이 들었다.

아침에 출근했더니, 국장이 찾았다. 전하는 금발의 국장 비서가 야릇한 미소를 지었다.

-무슨 일이죠?

-좋은 일인 것 같지는 않던데요.

싸늘한 웃음이었다.

그들은 어느 순간이라도 미소를 잃지 않는다. 나는 그들이 짓는 웃음의 분류를 기억한다. 거리에서 마주치는 사람에게 던지는 가식적인 의례적 미소, 같은 종족끼리 주고받는 가벼우나 끈끈한 동질의 미소, 이해가 상충 되는 사람들에게 보내는 자만의 미소, 사랑하는 사람에게 보내는 달콤하고 은은한 미소, 상대를 무시하는 비열하고도 야비한 미소.

국장실에서 마주 앉은 낯선 백인 두 사람도 미소를 짓고 있다. 눈빛이 날카로운 것인지 미소가 얇아서인지 깊은 사무적 인상이다.

예상대로 그들은 본부 감찰반에서 나온 사람들이었다.

-저스틴 리, 당신 은행 계좌의 빈번한 목돈 입출금과 크레딧 카드 빚이 십여만 달러 이상 갑자기 늘어난 이유를 알고 싶습니다.

그들은 이미 내 계좌를 탈탈 털어서 검증했을 것이다. 내가 최근에 접촉하고 있는 인물이나 내 주변 사람들에 대한 탐문도 이미 시작했을 것이다. 국장과 낯선 두 사람이 나를 날카롭게 주시했다. 나는 사라진 돈과 그들의 감찰 영역, 그리고 나의 사생활 영역에 대해 잠시 생각했다.

-그것은 사생활 문제 아닙니까? 설명을 해야 하나요?

등받이 의자에 육중한 몸을 기대고 있던 국장이 고쳐 앉으며 쉰 소리를 냈다.

-저스틴 리, 당신은 지금 이 회사의 몇 년 차 직원입니까? 나를 포함한 이곳에 일하는 사람들 모두가 사생활의 감찰을 받고 있다는 것을 모른다고 하지는 않겠죠.

이 회사 입사 시험 합격 후, 세 단계에 걸친 까다로운 FBI 신원조회 담당자로부터 내가 20여 년 전에 받은 벌금형 약식기소에 대하여 설명을 요구한 적이 있었다. 하이스쿨 졸업식이 끝나고 친구 차를 얻어 타고 파티장에 가던 길이었다. 개와 늑대의 시간을 지나 차량 불빛들이 거리를 질주했다. 시애틀 다운타운에 위치한 편의점에 담배를 사기 위해 잠시 정차했다. 으슥한 골목이나 건물 어귀에 야한 옷차림의 콜걸들이 서성거리는 것이 보였다. 담배를 사서 나오던 친구가 콜걸로 보이는 여자와 몇 마디 나누더니, 친구가 게걸스럽게 소리쳤다.

-야, 얘 몸매 죽이지 않냐. 얼굴도 백인인데 동양인스럽고.

여자가 조수석 창가로 와서 내게 고개를 숙였다. 풍만한 하얀 가슴이 반쯤은 드러나 있었다. 나도 덩달아 침을 삼키며 여자에게 물었다.

-하우 마치. 뜨거운 하룻밤에 얼마 주면 돼?

여자가 갑자기 돌변하더니 허리춤에서 경찰 배지를 내 코앞에 내밀었다. 지금은 이해할 수 없는 상황이지만, 당시는 위장 단속이 주기별로 행해지고 있었다. 친구와 나는 경찰서로 연행되었다. 파티장이 아닌 유치장에서 하룻밤을 지내야 했다. 친구는 부자 아버지 덕분에 유능한 변호사를 선임해서 약식기소도 피해 갔다.

우리 회사가 하는 일은 세계의 모든 온라인 정보를 총괄한다. 한국이나 일본 등 아시아와 유럽, 남미에 이르기까지 그들의 권력층이 주고받는 각종 비밀스러운 대화나 전파를 도감청을 통해 우리 회사로 집약되고, 해독과 분석을 거쳐 정보로 탄생한다. 다른 나라에도 우리 회사 같은 일을 하는 곳이 있으나, 우리를 따라오지 못한다. 첨단 장비가 부실하거나 없고, 정보를 해독할 능력이 뒤처지기 때문이다.

-온라인 라스베가스 게임을 즐기다 보니, 그렇게 되었습니다.

내 대답이 미심쩍은지, 낯선 안경이 고개를 갸웃했다. 최고의 베네핏과 연봉 20만 불 넘게 받는 특급 정보 담당자가 도박에 가산을 탕진?

-도박에 손을 댄 이유가 있습니까? 돈을 갚을 곳이 있다든지, 가정에 문제가 있다든지…당신의 아내도 이 사실을 알고 있습니까?

-알고 있습니다.

-그런데 가정에 문제가 없다는 것이 이해가 되질 않는데요. 혹시 아내가 이혼 같은 것을 요구하지는 않았나요?

-그런 것까지 답해야 합니까?

내 관련 자료를 들추며 물끄러미 보고 있던 국장이 나섰다.

-정보를 다루는 사람들이 청교도적 삶을 살도록 강요받는 이유는 자네도 알다시피 범죄에 노출되지 않도록 하기 위해서야. 올드리치 에임스나 헤럴드 니콜슨이라는 작자들도 사생활의 문란에서 빚어진 돈의 유혹 때문에 정보를 팔아넘긴 거잖아. 전부 성실하게 답을 하게.

반도체는 항균, 항온, 항습 상태가 유지된 청정 클린룸에서 방진복을 입고 생산하듯 특급 정보 관련 종사자들은 본부 감찰부의 감시와 클린 감찰을 항시 받고 있다고 해도 과언이 아니다. 정보의 발굴보다 유출이 가져올 폐해가 더욱 심각한 일이기 때문이다. 귀화 미국인의 경우 원래 국적과 인종을 분류해서 관리한다고 한다. 예전에, 감찰부에서 일하던 백인 친구가 내게 물은 적이 있었다.

-저스틴, 월드시리즈 야구 경기에서 미국과 한국이 경기를 하면 너는 어느 팀을 응원할 거야?

그의 농담 의도를 모르는 것은 아니지만, 대답하기가 불편했다. 감찰부의 이런 시각은 중국 관련 몇몇 스파이 사건 이후로 예민해져 있었다. 감시 대상에 대한 조사는 은밀할수록 비열할수록 고급 정보를 얻게 되는 것처럼, 그것을 행하는 사람 또한, 그러한 생활 방식이 은연중에 배게 된다. 국장이 말하는 청교도적 삶과 비열한 내버려두는 삶이 언제나 혼재하며 내 안에서 다툰다.

-사실 아내는 이 사실을 알지 못하며, 가정은 아무런 문제가 없습니다.

감찰부 낯선 안경이, 안경을 고쳐 쓰며 내게 물었다.

-아까는 부인께서 모두 알고 있는 사실이라고 하지 않았나요?

-제 아내는 내가 어떠한 일을 하는지조차 잘 모르고 있어요. 나는 그런 보안 선서를 잘 지키고 있습니다. 아내가 알고 있다고 답한 것은, 이런 것도 감찰을 받아야 하는지에 대한 반감으로 대답한 것뿐입니다.

온라인에서 행해지는 일들은 사람들의 눈이 있는 외부로 표출되지 않는다. 안에서 움직이고 안에 남아있고 또 안에서 재연결이 된다. 시간과 공간을 초월한 세계다. 내가 서재에 틀어박혀 컴퓨터 앞에 앉아 게임에 몰입을 해도, 아내는 모른다. 아내는 업무의 과다와 내 건강을 걱정할 뿐이다.

아내가 볼 때, 남편은 아침 6시에 출근해서 오후 4시면 어김없이 집으로 퇴근하고, 외출은 거의 하지 않는다. 따로 만나는 사람이 있는 것도 아니고 가끔 마켓에 장을 보러 가거나 저녁에 애완견과 동네 산책을 가는 정도다. 잠자리는 11시쯤에 들고 섹스는 일주일에 두 번을 넘으면 생활의 리듬이 깨진다고 했던 사람이다. 그러니까 국장의 말대로 나는, 청교도적 삶에 준하는 생활을 하는 셈이다.

-당신 같은 사람이 삶의 외로움을 느낀다고 한다면, 사람들은 믿기지 않을 것 같아요. 하찮고 의미 없다는 것이 존재의 본질이라고 하잖아요. 그게 삶의 본질입니다.

내가 카드 게임에 빠지기 전, 그에게 '세상 더럽게 외롭네요'라는 문자에 대한 그의 답이었다. 내가 그에게 세상 외롭다고 고백한 것은, 어쩌면 이성일지도 모를 그에게 연정을 느껴서였다기보다는 삶의 공허함과 무의미함 따위 같은 감정을 토로한 것이었다.

-내가 말하는 외로움의 근원은, 그냥 날 것 같은 겁니다. 온라인 세상이 오기 전의 세상 같은 거요. 열망과 열정을 피부로 느껴가며 살아가는 세상, 정형화되지 않은 인간미가 통하는 세상, 스크린을 통해서 일방적으로 단숨에 주거나 받는 세상이 아닌 숨 쉬며 소통하는 세상 같은 겁니다.

당신이 하는 일이, 조각난 문자와 잘린 언어를 조합하고 그것이 의미하는 본질과 연관 되는 사실들을 캐내고 분석하는 작업 아닌가요? 당연히 직업에서 오는 일종의 스트레스 일지도. 외로움은….

-내 뜻은 타인과의 연결 욕구가 충족되지 않았다는 사실에 대한 정서적 반응 같은 사전적 의미가 아닙니다. 오히려 예전의 세상보다 온라인을 통한 소통과 교류가 더욱 편리하고 빨라졌으니까요.

-그러면 당신은 "에메랄드빛 하늘이 환히 내다뵈는 우체국 창문 앞에 와서 너에게 편지를 쓴다 / 유치환" 같은 세상이 외로움이 없는 세상이라고 생각하나요. 그리움이 남아있는 세상은 외로울 수밖에 없는 겁니다. 세상이 바뀌는 속도가 사람들의 감성을 추월해서 이제는 낭만마저도 디지털화 되어버렸어요. 그런 아련한 그리움들도 다이아몬드 형상으로 입자가 바뀌어서 USB에 보관해서 필요할 때마다 빼서 쓸 수 있는 세상이 되어버렸으니까요. 지금도 사람들은 그런 것들이 무척이나 낯설고 외롭다고 할 거예요. 하지만

단번에 만들어 내는 낭만의 유혹과 편리함에 차츰 익숙해지고, 당연하다는 듯이 모두가 상용하겠죠.

-모니터의 건조함과 투박스럽게 두들기는 자판, 그냥 내 영혼이 기계화되어 마치 게임의 유저가 된 거 같은 생각이 들어요.

그와의 문자 대화가 차츰 내 심중을 과다하게 드러내는 것 같아 갑자기 두려워졌다. 혹시 누구의 사주를 받은 AI가 아닐까. 과거에 누구를 만나서 내가 했던 행동, 말의 실수가 갑자기 생각나서 자책하던 것처럼 후회스러운 심정이 들었다. 그는 누구일까. 그의 문자를 전부 지우고 전화번호를 다시 블락 시켰다.

-가산이 탕진된 수준까지 처한 집안 사정을 부인께서 모른다니 이해하기 어렵군요.

감찰부 낯선 안경이 안경 너머로 눈을 치켜뜨며 물었다.

-모든 것은 온라인에서 이루어지니까요. 집에 배달되는 우편물은 광고물이 대부분입니다.

-보안을 철저히 잘 지키시는군요.

낯선 안경의 비아냥에 국장이 쓴웃음을 지었다.

-우리가 우려하는 것은… 가산을 탕진한 당신의 재산 상태가 아닙니다. 그것은 당신의 사생활 영역이니까요.

감찰부 콧수염이 거들었다. 그의 표정은 재밌는 쇼츠 영상을 보는 것처럼 금방이라도 입이 실룩거릴 것만 같다.

내가 처음부터 카드 게임에 빠졌던 것은 아니다. 오락 수준의 몇몇 온라인 게임을 가끔 즐겼을 뿐이다. 그중에 '베틀 그라운드' 게임 같은 몇몇 친구가 어울려 보이스톡을 하며 상대 팀과 벌이는 전쟁게임은 매력 있고 흥미로운 게임이었지만, 수백 마일 떨어진 곳들에 각기 흩어져 살아가는 그들에게 갑자기 연락해서 같이 게임을? 그들이 나와 같은 시각에 맞춰서 베틀 그라운드를 한다는 것은 불가능한 일이었다.

어차피 세상 혼자 사는 거라며 동료가 알려준 '아일랜드 베틀 언노운스' 게임은 무인도에서 혼자 살아 남아야 하는 게임이다. 살아남는 최후의 일인자가 되는 것. 백여 명의 유저들과 같이 비행기를 타고 가서 무인도에 도착하면 자신이 원하는 장소에 뛰어내려 독자 생존하는 게임이다. 가종 무기와 운송 수단으로 상대를 제압하고 살아남아야 하는 게임. 세상의 축소판인 셈이다.

게임에서 몬스터를 때려잡으면 캐릭터가 레벨업하고, 스킬을 찍으면 아이언 맨처럼 세상에서 가장 강한 존재로 다시 태어난다. 기진맥진한 상태에서 물약을 먹으면 즉각 체력이 원상복구 되고, 퀘스트를 깨면 보상이 쏟아져 내린다. 게이밍 헤드셋으로 들려오는 디지털 음향은 깃털이 떨어지는 소리도 들릴 것같이 심장까지 파고든다. 인공지능까지 장착한 아바타는 나의 감성까지도 닮은 것은 아닐까 착각이 들기도 한다.

게임은 현실 세계와 다르게, 노력이나 애쓴 만큼 보상이 즉각 이루어진다는 매력이 있다. 나의 아바타를 가상의 세계에서 내 의지대로 움직이며 상대를 제압한다. 답답하고 난관에 봉착한 앞길을 명쾌하게 한방에 처부수어 해결할 때는 짜릿한 쾌감마저 든다.

상대의 음흉한 함정에 빠지면 등골이 서늘해지기도 한다. 애써 모아 놓은 보급품을 빼앗기면 작은 분노와 미움, 전쟁 중 부상을 당하거나 적에게 포로로 잡히면 슬프고 아쉽다. 기쁨, 노여움, 슬픔, 두려움, 사랑, 미움, 욕심…『예기』에서 일컫는 인간이 살아가면서 느낄 수 있는 일곱 가지의 감정을 고스란히 느낄 수 있는 셈이다. 그것도 아주 짧은 시간에. 나의 아바타가 정복한 땅의 크기에 묘한 성취감이 일기도 한다. 게임은 상상을 현실로 만들어준다.

일과가 끝난 거의 매일 밤, 나의 아바타는 무인도를 향해 떠난다. 나는 두 세계에서 각기 다른 모습으로 살아가는 셈이다. 나의 아바타는 내가 현실 세계에서 몇 개월에 걸쳐서도 이루지 못할 일들을 몇십 분 만에 단숨에 이룬다. 밋밋한 일상과는 비교가 안 되는 드라마틱하고 짜릿한 쾌감의 연속인 셈이다. 혹 나의 아바타가 죽어도 게임을 재부팅 하면 다시 시작할 수 있다. 그동안 이루어 놓은 영역은 사라져 버리지만. 그리고 언제든 내가 살아가는 게임을 중단할 수 있다는 것이다. 얼마나 편리한 삶인가.

운전 중 교통 혼잡상황을 체크하기 위해 내비게이션을 보다가도, 문득 드론이 나를 내려다보는 광경을 상상하기도 한다. 게임의 아바타로 거리를 질주하는 내 모습이 그려진다. 지나치는 모터사이클이 갑자기 침입자로 변신하여 총을 내게 겨눌 수도 있다는 생각에, 긴장하며 그를 돌아보기도 한다. 이런 상상들이 게임의 폐해라기보다는 현실이 게임과 너무 닮았다는 생각을 한다. 적어도 '우체국 창문 앞에 와서 너에게 편지를 쓰는' 시대라면 이런 착각은 안 할 것이다.

구글 타임라인에서 나의 행적을 찾을 수 있듯이, 나의 온라인 행

적에 따라 AI 가 그와 연관된 정보나 사이트를 나의 디바이스로 쉴 새 없이 보내준다. 그중에는 내가 즐겨하는 게임과 연관된 사이트와 새로운 게임에 관한 정보들이 쏟아진다. 게임 중 획득한 무기나 장신구, 화폐 등의 아이템을 거래하는 사이트를 소개하기도 한다. 내가 어떤 인물이고 내가 선호하는 것들에 대한 모든 정보가 온라인에 기록되고 축적되어, 나에 대한 평가가 이루어지는 셈이다.

온라인 라스베가스 게임 업체에서 공짜 게임머니를 수시로 보내주며 유혹을 한 것도, 나에 대한 이러한 정보에 기인했을 것이다. 100% 라스베가스와 똑같은 실제 게임을 당신의 안방에서 즐겨 보세요. 당신의 첫 게임을 위해 $100을 게임머니로 선물합니다. 가상이 아닌 현실 게임을 즐겨보세요. 이러한 문자가 수시로 내 전화기에 쌓였다.

선물로 받은 게임머니 100달러. 온라인 라스베가스 블랙잭 게임으로 십여 분 만에 사라져 버렸다. 내 크레딧 카드에서 충전된 게임머니로 다시 한두 시간 게임을 하고 나서, 온라인 내 지갑을 보니 400달러가 넘는 돈이 들어와 있다.

돈을 내 은행 계좌로 얼른 인출 했다. 무인도 게임은 아무리 많은 아이템을 획득해도, 그냥 가상의 세계에 남아있는 나의 성과일 뿐이다. 하지만 현금이 내 은행 계좌로 들어온 순간, 몇 배의 성취감이 들었다. 그것은 마치 수개월 동안 온라인상에서 주야로 감시하던 수천 마일 떨어진 요주의 인물을 검거하는, 온라인의 작업이 현실로 발현되는 기분이었다.

사람들과 둘러앉아서 하는 테이블 포커 게임은 내 카드와 상대의 표정과 행동의 싸움이다. 은밀하고도 비열하게 표정을 최대한 감추어 상대가 내 의중을 쉽사리 판단하지 못하게 하는 것이 관건이다. 정보를 캐내려는 자와 감추려는 자가 하는 방식은 동일하다. 상대의 미소가 작위적인지, 은연중 스친 건지, 판단해야 한다. 내가 살아가는 세상의 모습이다.

하지만 온라인 게임에서는 상대의 표정을 살필 필요도 없고 내가 가식적인 표정이나 행동을 하지 않아도 된다. 내가 가진 카드와 테이블에 펼쳐지는 카드, 상대가 가졌음 직한 카드를 가늠할 뿐이다. 우주보다 넓은 공간에서 남의 눈치나 남을 의식 할 필요가 없는 온라인 세계는 얼마나 안온한 방식인가.

물론 그 세계는 아주 간편하게, 거리낌 없이, 들어갈 수 있는 세상이라 빠져들 수 있는 세상이다. 하지만 나의 이러한 행위는 마음만 먹으면 내 의지대로 언제든 멈출 수 있다.

나의 팔자걸음을 고치려는 것과 비슷한 거다. 무릎을 안쪽으로 애써 모으고 발목을 억지로 돌려 안짱다리 걷기를 하면, 자연적으로 팔자걸음에서 정상적 걸음으로 바뀐다. 하지만 염두를 금방 내려놓거나, 다른 일상에 치어 생각 없이 걷게 되면 다시 팔자걸음을 걷는 내 모습을 보게 된다. 그러니까 나는, 언제든지 고칠 수 있는 버릇을 그냥 내버려둔 것뿐이고, 내가 온라인 세상에 집착하는 것은 세상이 너무 외롭기 때문이다.

-습관과 중독을 혼동하고 있군요. 습관이 무의식적으로 하는 행동이라면, 중독은 보상을 바라는 스스로 억제하지 못하는 의식적 행동이라 볼 수 있지요.

그가 보냈을 법한 문자다.

게임을 지속할수록 돈을 잃는 날이 많아졌다. 그때까지만 해도 나는 온라인 게임의 게임머니가 조금 사라졌을 뿐이라고 생각했다. 내 지갑에서 현금이 직접 빠져나갔다면 조금 더 현실감이 들었을까. 자기 손에서 내려놓아야만 빠져나가는 것들이, 그들끼리 아무런 거리낌 없이 들어오고 빠져나가는 세상이 된 것만 같다.

-달러 지폐와 게임머니, 나와 아바타, 현실과 온라인 세상…. 같은 것 같은데 다르고, 다른 것 같은데 다를 수가 없는 그런 모호한 세상이에요.

내 문자에 그는 며칠 동안 답이 없다. 어쩌면 그는 더 이상 내게 답을 하지 않을지도 모른다. 온라인 세계에서 나가면 그를 만날 수 있을까.

-야아아아아오이

달려도 달려도 그를 잡을 수 없을 것만 같다.

임영록

2000년 미주중앙일보 신인 문학상 수상, 2001년 미주한국일보 신춘 문예 단편 소설 당선, 2004년 제6회 재외동포문학상 소설 부문 대상 수상. 2005년 월간 『문학과창작』 추천 등단. 2007년 한국 소설 평론가협회 미주문학상 대상. 달라스한인문학회 회원.

민경환은 갑자기 눈물이 나올 것 같았다. 어디로인가 가기는 가야 할 텐데 사실 갈 곳이라고는 없었다. 어린 시절 함께 놀던 아이들이 다 가 버리고 사방이 어두워져 무서움에 떨고 있을 때 자신을 찾아 나선 엄마를 만난 것 같았다. '엄마!' 하마터면 태연을 그렇게 부를뻔했다. 태연이가 왔다는 것이 그의 마음을 그토록 움직였던 것이다.

"네게로 가려고 했어."

생각지도 않은 말이 튀어나왔다.

"정말 그렇게 생각한 거야?"

"네 생각밖에 안 했어."

"에게게. 무슨 돈판 같은 소리를 하는 거야. 그래도 듣기에 괜찮네."

아, 이 향기. 태연의 향기, 물어보지 않아도 그것은 분명 아카시아 향기였다.

-소설, 방화범 中 일부. 김수자(달라스한인문학회 제3대 회장)

제13회 달라스문학 신인상

이봉하

제13회 달라스문학 신인상 소설 부문 수상작

알마스티

이봉하

쓰읍하며 알싸한 밤공기를 마시자, 폐부가 따끔거렸다. 남루한 코트 속 미묘한 온기를 아끼며 철도 따라 발걸음을 옮겼다. 의미 없는 사색의 가닥을 잡으려 했으나 밤바람은 목덜미만 간지럽혔고, 푸른 별은 멀리서 떨고만 있었다. 그날도 세상은 시의 부재로 가득 차 있었다. 나는 감성의 반란에 빠져 한참을 헤어 나오지 못했다.

거리는 네온사인이 불안히 깜빡이는 밤의 주민들로 넘실댔다. 후카 바는 지인의 도움 없이 찾기 힘들 정도로 깊숙한 골목에 숨겨져 있었다. 그곳에 들어서자 마치 안개가 낀 듯 거대한 연기의 파도가 일고 있었다. 손님은 대부분 남자였다. 복고풍 노래가 술집 밖까지 들렸다. 그곳에 도착한 지 얼마 지나지 않아 가게 안에 인파가 쌓이기 시작했다. 스포트라이트 아래에서 잡아먹을 듯 온 열을 다해 노래 부르던 한 가수의 모습이 또렷하게 보였다. 탁자에는 빈 잔이 쌓여갔다. 첫 공연이 끝나자 일찍 취한 몇몇 사람들이 〈배운 놈, 찐 놈, 빨간 놈〉이란 낙서가 칠해진 골목 어귀로 비틀비틀 걸어 사라졌다. 모자이크처럼 분산된 빛무리 속 정신없이 춤추는 사람들 사이로 나 홀로 무리에서 빠져나왔다. 그리고 파라솔 밑 빈 의자 하나를 꺼내 앉았다. 심장이 뛰는 소리가 고막에서 들리고, 담쟁이 잎 그림자가 빨간 벽에 휘청거렸으며 젖은 셔츠에서 열기가 올라왔다. 뿌연 안경 사이에 맺힌 화풍은 세상 모든 것이 싱그러운 12월의 연회였다.

머리가 식자 건너편 골목의 가로등 아래에서 수상한 한 남자의 모습이 눈에 들어왔다. 그는 두꺼운 외투에 남색 뉴스보이캡을 쓰고 있었고 그가 피고 있던 담배 연기와 그림자 때문에 잘 알아볼 순 없었지만, 그는 날 잘 알고 있다는 듯 조용히 내 쪽을 주시하고 있었다. 그리고 나와 눈이 마주쳤다. 그것을 신호로 내게 걸어오기 시작했다. 거리가 좁혀지자 겨우 그의 얼굴을 볼 수 있었다. 그것은 노인의 것 같기도 하고 소년의 것 같기도 해서, 마치 만화경의 무늬가 시시각각 변모하는 것처럼, 꽤 고답적이라고 해야 할 것이었다. 다만 그가 풍기는 동양적인 면모는 어쩐지 낯설지 않아 보였다.

"퍽 심심해 보이는군."

마치 나의 동의를 구하는 듯한 말투로 그가 말했다. 그의 낮고 중성적인 목소리는 시원시원했고 묘한 청량감으로 가득했다. 놀란 가슴이 가라앉기도 전 장난기 어린 말투로 그가 다그쳤다.

"자네, 심심하거든 나랑 내기 하나 하지 않겠나?"

마침 술 사는데 가지고 있던 돈을 모두 탕진한 상태였고, 기분도 고양되어 있었을뿐더러, 자칫 내기에서 진다면 도망갈 자신도 있었다. 뭣보다 굳이 거절할 이유가 없었다.

"들어는 봅시다."

내가 대답했다.

"잘 생각했네. 간단한 내기일세."

그는 뜸을 들이고 극적인 연출을 연기했다.

"내가 누군지 맞춰보시게. 자네가 이기면 그 어떤 소원이든 이루어주겠네. 그러나 자네가 진다면 자네는 내 소원을 들어줘야만 하네.

시간에 제약은 없지만 기회는 단 한 번뿐이네. 어떤가?"

내가 어이가 없다는 표정을 지으며 답했다.

"어떤 소원도 라니, 기적이라도 일으킬 수 있단 말이요?"

"가능하네."

그가 확신에 찬 표정으로 대답했다.

"거 뭐 해괴한 소리요? 그런 게 가능하다면 어디 한번 증명해 보시오."

나는 당황한 내색을 감추고 반문했다.

그는 재밌다는 듯 말없이 날 빤히 보며 대답했다.

"내기에 동의한다면."

"내기에 동의하오."

그는 껄껄 웃더니 "오늘 자정, '눈물의 마돈나 성당'의 붉은 회랑에 가보면 알 수 있을걸세"라는 말을 끝으로 유유히 검은 골목 속으로 사라졌다.

밤의 차도는 텅 비어있었다. 주황빛 가로등의 빛무리가 몇 겹의 그림자를 중첩해 음지의 농도가 맑은 물에 물감 퍼져가듯 바림질 효과를 주었다. 교외다운 면모를 보여주는 장소였다. 어둠 속을 헤치며 빈 차도의 중앙을 걸은 끝에 벌거벗은 묘목이 심긴 화단에 이르렀다. 독한 매연과 무관심 속에서 살아갈 가엾은 이들의 운명에 측은한 마음이 들었다. 가을비로 쌀쌀한 그 화단에는 여왕의 왕관과 같은 황금빛 은행나무 꽃봉오리와 꽃잎이 거친 바닥에 시린 세수를 하고 있었다. 곧 눈 이불이 이 거리를 덮으리라고 생각했다. 묘한 달빛을 온전히 받들어 빛나는 차나무꽃 몇 술이 청아한 향기를 품기 위해 고개를 떨구었고 12월 초순의 차가운 밤공기에 싸인 내 뺨은 차가웠다. 돌다리 아래에는 집어삼킬 듯한 격류가 흘렀다. 체스판처럼 종횡이 일정하게 교차한 하얀 타일 위로 단풍이 떨어지고 곱게 미끄러져 갔다.

"별 사기꾼한테 속아서 내가 뭔 짓을 하는 건지, 참."

난 시린 손을 비비며 자정이 되길 기다렸다.

이가 부딪혀 닳을 정도로 추운 겨울이었다. 밑천도 없고 밑창도 닳아 없었다. 그냥 세상이 온통 닳아 있는 것 같았다. 그날 밤 유독 눈이 많이 내렸다. '눈물의 마돈나 성당' 언덕 아래로 소복이 쌓인 숫눈은 소리조차 잠아먹는 듯싶었다. 어딘가 을씨년스러운 빈 차도 바깥을 묵묵히 걸었다. 마치 온 세상이 이방인에게 무관심한 듯 나는 투명 인간처럼 그곳에 있었다. 어둑어둑한 하늘, 초췌한 나의 모습, 왠지 모르게 서러움이 북받쳐 조금 슬픈 마음이 들었다. 따뜻한 국밥 한 그릇만 먹을 수 있다면 얼마나 좋을까. 시계를 보니 11시 54분이었다. 정신이 들었을 때 언덕 위에서부터 웅성이는 소리가 들렸다.

바람에 귓불이 석류같이 빨갛게 타올랐다. 그리고 톡톡 튀는 바퀴의 마찰음과 마치 플라스틱병으로 무언가를 때리는 듯한 소리가 들려왔다.

"안돼!"

누군가 고함을 질렀다. 그리고 군중의 경악이 붉은 회랑의 기둥 사이로 미끄러져 내려왔다. 움쩍거리고 있던 난 반사적으로 고개를 들어 회랑 밖을 보았다. 그것은 유모차였다. 검은 유모차가 언덕 아래로 돌진하고 있었다. 마치 유령 전차의 그것처럼 홀로 아래로 독주하는 유모차의 모습은 드물게 기괴한 느낌이 들었다. 그것은 엄청난 생기를 머금고 분명하게 죽음의 아가리로 돌진하고 있었다. 나는 그것을 잡기 위해 회랑 밖으로 뛰쳐나왔다.

유모차의 바퀴가 크게 곡선을 그렸다. 나는 반사적으로 손을 길게 뻗었고 손가락 끝으로 유모차의 손잡이에 간신히 닿을 수 있었다. 그것과 나는 두세 번 원을 돌며 약 10미터 정도 아래로 아무런 저항도 못 한 채 미끄러졌다. 무릎을 꿇어서 받을 시늉하던 중 신발 한 쪽이 벗겨졌다. 그리고 차도 위로 불안히 돌던 유모차도 옆으로 넘어지려고 했다. 그때 기적같이 벗겨진 신발이 뒷바퀴에 끼여 걸렸다. 유모차의 속도가 점점 줄더니 이내 멈춰 섰다. 그러자 유모차에 걸린 젖병이 그네같이 출렁이다 이내 손잡이에 걸렸다. 모든 것이 순식간에 일어난 일이었다.

웅성거리는 소리가 들렸다. 사람들이 언덕 아래로 서둘러 뛰어 내려오기 시작했다. 그리고 자연스럽게 나의 눈길은 유모차에 있을 아기에게로 향했다. 유모차의 커버 안으로부터 아무 소리도 들려오지 않았다. 께름칙함. 나의 손은 불안함으로 하염없이 떨고 있었다.

커버를 들췄을 때 그곳엔 아무도 없었다. 아기 따윈 애초에 존재하지 않았다. 그곳엔 웬 더러운 인형 하나가 있었는데, 눈에 단추는 거의 떨어져 나가고 실밥도 난잡하게 풀어헤쳐져 있었다. 그것의 양팔은 조금 전 일 때문인지 반쯤 뜯겨 하얀 솜이 고름처럼 구멍 밖으로 흘러나오려 했다.

내가 당황한 사이 수녀복을 입은 한 여자가 헐레벌떡 뛰어와 그 인형을 낚아채 꼭 껴안고 펑펑 울기 시작했다. 나는 너무 혼란스러워

바닥에 털썩 주저앉아 똑같이 울기 시작했다. 입안에서 욕지기가 끌었지만, 순간 '이 여자가 독실하게 미친 사람이 아닐까, 날 해코지하지 않을까?'하는 합리적인 의심 덕에 겨우 입단속을 할 수 있었다. 나는 그 거대한 연극에서 어색한 침묵만을 지키며 누군가 그 부조리한 상황을 무마해 주길 간절히 바랐다.

성당 사람들이 도착하고 나서야 나는 겨우 울음을 멈출 수 있었다. 사람들은 내가 울었다는 사실에 처음엔 당황한 듯 보였지만 이내 상황을 짐작하고선 날 다독이며 미안하다는 말만 되풀이했다. 나도 대략 사정이 있겠거니 하고 그 여자에 대해 추궁하길 그만두었다. 그때 그 여자가 내게 달려와 내 머리를 양손으로 꼭 잡고 이마에 가볍게 입을 맞추었다. 옆에 신부로 보이던 남자는 여전히 미안하다는 말만 되풀이했다. 그때 난 생각했다.

'살아있는 아기를 구했더라면 감사를 받았을 텐데, 죽은 인형을 구해서 사과를 받는구나.'

하늘을 올려다보았다. 어딘지 조금 부끄러운 마음이 들었다. 감사도 사과도 받고 싶지 않다는 생각이 들었다. 모든 인간관계가 감사와 사과로만 정의되는 것 같았다. 감사와 사과, 결국 상대방의 입장을 생각지 않은 일방통행식 감정이 아닌가? '예의'만큼이나 이기적이고 교묘하구나. 왠지 그 자리를 당장 뜨고 싶었다. 수녀가 말했다.

"알마스티를 구해주셔서 감사합니다."

수녀는 내 눈을 피하며 더러운 인형을 소중한 물건인 양 꼭 쥐고 있었다. 그 말을 들은 순간 낯이 뜨거워졌다. 팔 뜯긴 인형과 빈 젖병이 생각났다. 그리고 분노가 일었다. 그 노인에게 속았다는 생각이 들자

참 재미없다 싶었다. 아무 말 없이 그 자리에서 성큼성큼 걸어 나와 늘어진 그림자 사이로 몸을 숨겼다. 뺨이 아직 촉촉했다. 성당 회랑의 마지막 기둥에 기대어 담배에 불을 붙였다. 먹구름으로부터 도망쳐온 이슬비가 성당 앞 물항아리 위로 부슬부슬 떨어졌다. 역시 세상에 기적 따윈 없었다.

다음 날 인형 가게에서 새 봉제 인형 하나를 사서 성당의 헌금함 위에 올려 놓았다. 그리고 도망치듯 저 멀리 언덕 아래로 빠르게 질주했다.

그렇게 또 시간이 흘렀다. 그 후 한동안 성당 근처에 갈 일이 없었으며 노인과의 내기도 깔끔하게 잊어버린 뒤였다. 볼로냐 대학을 졸업한 후 비자가 만기 되어 곧 한국으로 돌아갈 처지에 놓여있었다. 라 마르세예즈 독립군가를 외치던 혁명군처럼 졸업생들이 거리마다 기쁨의 교가를 불렀고 전통대로 학생들이 자신의 시험지를 찢고 불태웠다. 학생들은 해방이라는 단어를 남발했고 나는 눈에 띄지 않기 위해 도시 외곽을 표표히 걷기 시작했다. 아끼는 남색 코트에 손을 넣고, 포도주 같은 저녁 공기를 듬뿍 마시며, 석양을 등져 굽어지는 골목 사잇길을 하염없이 걷고 또 걸었다. 멀리서 축포가 들렸다. 그리고 난 더 멀리, 더 짙은 그림자 속을 향해 나아갔다. 마치 어디에서도 환영받지 못한 유령이 된 것만 같았다. 졸업의 기쁨 따윈 조금도 공감할 수 없었다. 오직 귀국에 대한 불안만이 날 숨 막히게 할 뿐.

발걸음을 멈췄을 때 난 또다시 그 성당 앞에 서 있었다. 성당의 횃불이 눈앞에 아른거렸다.

그때 돌풍이 불었다. 어딘가에서 지독한 악취도 바람에 실려 풍겨왔다. 숨을 최대한 깊이 들이마시고 천천히 내쉬었다. 그때 저 멀리서 "끼익- 철그덕-"하며 쇠 긁는 소리가 반복적으로 들렸다. 외진 곳이기도 하고 정적만 남을 법한 오밤중이라 작은 소리에도 민감해져 있었다. 무언가 시작되는구나! 나의 심장박동이 빨리 뛰기 시작했다. 조명으로 늘어진 그림자가 파도처럼 바삐 움직였다. 그것은 내 쪽으로 다가오고 있었다. 가까웠다. 나는 궁금증을 참을 수 없어 서둘러 뒤돌아보았다. 누군가 암흑을 찢고 죽음의 마차를 몰며 나에게 달려오고 있었다. 아니 그렇게 느꼈다. 숨 쉴 겨를도 없이 나는 그곳에 멈춰서 그것이 오기까지 가만히 볼 수밖에 없었다. 그것은 발걸음보다 조금 나은 속도로 꾸준히 언덕을 오르고 있었다. 나와 가까워지자, 가로등의 주황빛 아래로 그것이 모습을 드러냈다.

 그것은 외발자전거를 탄 괴기한 무언가였다. 순간 나는 좀 더 자세히 보기 위해 인도와 차도의 경계선으로 발을 옮겼다. 그리고 마침내 그것의 모습이 완전히 드러났을 때 나는 원초적인 공포에 빠질 수밖에 없었다. 그 순간만큼은 부스럭거리던 낙엽도 정지한 듯했다.

 그것은 살아있는 죽음이었다. 인격이 없는 괴물 같았다.

 팔이 없었다. 코는 뭉개져 있었고 눈알이 없었으며 그 눈구멍은 마치 해골의 그것처럼 끝없는 심연이 자리 잡고 있었다. 거멓고 투박한 피부는 화상을 입은 듯 징그럽고 추했다. 꾀죄죄한 얼굴의 반은 더러운 붕대로 감겨있었다. 머리카락은 듬성듬성 나 있었지만, 방사능 환자의 그것보다 조금 나은 정도일 뿐이었다. 그것의 발에서 피고름 같은 것이 땅 위에 한 방울씩 떨어졌다. 그리고 내가 그것과 거의 정면으로 바라볼 만큼 가까웠을 때, 그제야 그것의 양팔이 없다는 것을 깨달았다. 그것은 숨이 찬 듯 고통스럽게 신음과 거친 호흡을 번갈아 가며 앙상한 두 다리로 페달을 규칙적으로 밟았다. 그것의 콧구멍에서 나온 뜨거운 바람은 기차가 뿜는 연기처럼 규칙적이고 뜨거웠다. 차도 위로 옅게 쌓인 자국눈 위로 바퀴 발자국이 지나갔다. 그것의 붕대가 바람에 날렸다.

필연적으로 그것은 곧 나를 지나쳤고 다시 암흑 속으로 사라졌다. 그것이 남긴 것은 뇌리에서 사라지지 않을 충격과 악취뿐이었다. 모든 것이 비현실적으로 이루어졌다. 평생 처음 살인을 저지른 군인의 손처럼 나는 그곳에서 한참이나 전율했다. 눈과 코와 귀까지 어딘가 따가울 정도로 전신의 감각을 전부 사용해 이 풍경을 통째로 흡수했다. 그리고 온몸에 힘이 빠지고서 그 자리에 털썩 주저앉아 한참이나 움직일 수 없었다.

그 사건이 일어난 지 일 년 남짓 지났다. 브레노와 잠보는 졸업을 해 고향집으로 내려갔고, 외톨이가 된 난 볼로냐 대학 근처 카페에서 커피잔을 닦고 종종 학생들이 버린 책들을 벼룩시장에 내다 파는 것으로 겨우 입에 풀칠하며 살았다. 졸업 후 비자 문제가 겹쳐 사실상 불법 이민자가 되었고 성격도 조금 냉소적으로 변했다. 동양인으로 해외 생활을 한다는 것은 각박한 일이었다. 아이러니하게도 온갖 차별로 낙담할 때면 그때의 일이 눈앞에 아른거렸고 자신이 특별한 사람이 된 듯한 기분 덕에 겨우 고단한 하루를 버틸 수 있었다. 그 심상은 느리지만 확실히 내 내면의 세계를 송두리째 정복시켜 가고 있었다. 난 모든 것을 의심하는 동시에 맹신적으로 기적의 가능성을 믿기 시작했고 다분히 신비주의자 같은 생각도 하게 되었다. 어떤 날이면 난 성경 속 인물이 된 듯한 착각을, 신과 씨름을 한 야곱과 같은 기분이 들었다. 그래서 그의 정체를 꼭 알아내고야 말겠다는 다짐만이 생의 유일한 목적처럼 느껴졌다. 한 줄의 시도 쓸 수 없었던 지난 일 년, 그러나 난 여전히 전율하고 있었다.

팔 없는 무언가가 오밤중 외발자전거를 타고 언덕을 넘어 도시를 돌아다닌다는 도시 전설 같은 이 기괴한 사건은 내 내면에서 불가능을 가능으로 만들려는, 마치 기적을 바라는 구도자의 두 손같이, 의지의 상징으로 꿈틀대며 자리 잡았다. 그것은 저항하려는 인간의 모습 그 자체였다. 그것은 어떤 의미로는 너무 애처롭고 또 다른 의미로 위대하기 짝이 없는, 정말이지 인간 같은 괴물이었다.

같은 장소, 팔 없는 무언가. 망각의 소용돌이에서 실마리의 끈 한 가닥이 머릿속을 스쳤다. 인형이었다. 그때 내가 살린 인형. 그 미친 수녀가 얼싸안고 있던 더러운 인형도 팔이 없었다. '설마', 난 생각했다. 모종의 기적으로 인해 그것이 체현되어 살아 숨 쉬게 되었다는. 그렇다면 수녀의 간절한 바람을 신이 들어 준 것이 분명했다. '가능하네'라던 그의 목소리와 확신에 찬 그 노인의 표정이 생각났다. 정녕 그 노인이 신이라도 된단 말인가? 내가 신을 만났다는 말인가? 그럴 리 없다. 비현실적이다. 말도 안 된다. 나는 고개를 저었다. 하지만 난 이미 불가능한 것을 목격하지 않았던가? 그래, 불가능이란 벽이 헐고 이상이 현실을 침식하며 신비와 기적이 당연시되어 버린 그런 세상에 난 이미 존재하고 있었다. 기적을 본다 한들 결국 믿음의 문제였다. 산다는 것은 결국 신의 구원을 바라는 것, 기적을 바라는 것, 희망의 불꽃을 꺼뜨리지 않는 것이었다.

사색은 길어지고 보폭은 짧아져 갔다. 알마스티. 생전 들어본 적 없던 단어였다. 질문이 꼬리에서 꼬리로 이어졌다. 결국 호기심에 버티지 못한 난 알마스에 대해 알아보기 위해 도서관으로 무거운 발걸음을 옮겼다. 그렇게 한동안 조사해 본 결과 알마스티는 알마스의 다른 말인데 몽골어로 숲의 남자라는 뜻이며 '알마스티의 붉은 언덕'에 목격되는 괴생명체를 지칭하는 말이었다. 학문의 도시를 빙자한 대학생의 값싼 방자함과 공산주의적 퇴폐가 케케묵은 벽돌마냥 즐비한 이곳은 붉은 도시 볼로냐였다. 볼로냐의 언덕은 알마스티가 출현하는 붉은 언덕이었던 것이다. 내가 이 사실을 발견했을 때 난 극도로 흥분해 있었다. 인형과 괴생명체가 동일한 존재라는 나의 가정에 확신을 가질 수 있었기 때문이었다. 그리고 내가 미쳤든, 세상이 미쳤든 우린 더 이상 서로 양립할 수 없는 존재가 되어버렸다.

확신에 찬 난 귀국이 며칠 남지 않은 시간 동안 그 노인, 즉 신이란 작자를 찾아보기로 했다. '신을 다시 만날 수 있으리라 생각하는가?'라고 묻는다면 난 두말없이 그렇다고 대답할 것이다. 왜냐하면 우린 아직 '내기' 중이기 때문이다. 나는 아직 '대답'하지 않았고 고로 내기는 아직 끝나지 않았다. 나는 대답할 준비가 되었으니, 그는 내 앞에 나타날 것이다. 결국 나와 수녀 그저 다른 방식으로 미쳤을 뿐이란 말인가!

그 후로 나는 발정 난 나귀처럼 눈에 불꽃을 이고 새벽마다 언덕 주변을 배회했다. 혹 부정한 것으로 인해 신을 만나지 못할까 봐 라마

단을 기리는 무슬림처럼 금식하고 어색한 기도를 올렸다. 예전부터 말랐던 내 몸은 더욱 앙상하게 변하기 시작했고 입안에는 사태가 끼고 단내가 났다. 그러는 반면 내 정신은 말똥하다 못해 나날이 비장해져갔다. 그리고 출국 사흘 전, 거의 포기 단계에 이르렀을 때 언덕 위에서 한 마리 빛의 새가 어둠을 찢는 것을 보았다.

그것은 성탄을 맞이해 밤 미사를 준비하던 신부가 밝힌 촛불이었다. 혹한의 추위에도 불구하고 성당의 대문이 활짝 열려 있었다. 그리고 깨달았다. 성당은 항상 그곳에 있었고 그곳은 신이 임재하는 장소라는 것을. 어째서 지금껏 알지 못했던 걸까? 그 노인이 말했었다. '시간에 제약이 없지만…'. 시간에 제약이 없다는 말은 언제가 됐든 내가 자유롭게 내기에 임할 수 있다는 뜻이었다. 언덕 아래에서 본 성당은 이전과 다르게 이루 말할 수 없는 아름다움으로 가득 차 있었다. 그것은 마치 불멸의 신전처럼 우뚝 서서 세속을 거부하고 고고히 휘황찬란한 빛만을 뿜어내고 있었다. 소름 끼치는 광경이었다. 나는 홀린 듯 그 위엄을 향해 한걸음 씩 나아갔다.

그곳에 거의 다다랐을 때 나는 가쁜 숨을 몰아쉬고 있었다. 성당 내부는 외부와 다르게 동굴같이 어딘가 원시적인 느낌이 들었다. 나는 곧장 네이브(nave)를 가로질러 제단 앞에 섰다. 나는 크게 소리쳤다.

"어서 나오시오. 난 대답할 준비가 됐소!"

그 순간 엄청난 돌풍이 불었다. 그리고 미사를 위해 준비된 촛불들이 모두 까무룩 꺼졌다. 멀리서 종소리 같은 것이 들릴 듯 말 듯 했다. 광활한 미지의 공간 속에서 나 홀로 신과 단독하고 있었다. 세상은 어둠으로 삼켜졌고 내 목소리만 성당 내부에 낭랑하게 메아리쳤다.

"불가능을 가능하게 할 수 있는 것은 세상에 단 하나밖에 없소. 바로 사랑이요. 당신은 사랑이라 불리는 자. 사랑은 실패치 아니할지니. 사랑. 이것이 당신의 정체이자 내 대답이요."

그때 한 늙은 신부가 헐레벌떡 뛰쳐나와 내게 소리쳤다.

"여보시오! 거기서 뭐 하는 거요? 아직 미사 준비 중이니, 나중에 다시 오시오!"

난 그 신부를 빤히 바라보았다. 신부도 내 눈을 바라보았다. 신부가 물었다.

"무얼 원하시오?"

난 몇 초간 침묵했다. 그리고 대답했다.

"알마스티를 소멸시켜 주시오."

이봉하

뉴욕대학교(NYU) 국제인문학 학사, 존스 홉킨스 SAIS American Foreign Policy와 International Economics 석사. Bank of America에서 Global Financial Crimes Investigator로 재직 중. 제13회 달라스문학 신인상 수상. 달라스한인문학회 회원.

의식의 흐름을 반영한 치열한 탐색

김종회

2023 '달라스문학 신인상' 수상작으로 이봉하의 중편소설 「알마스티」를 선정한다. 신인상에 응모한 작품의 숫자가 많지 않았고, 시 부문에서는 눈여겨볼 만큼 문학적 수준을 갖춘 작품을 찾기 어려웠다.

수상작 「알마스티」는 의식의 과잉이라는 느낌을 줄 정도로 복잡한 미로와 같은 이야기로 일관하고 있다. 소설로서의 문장을 쓰는 솜씨는 단련되어 있으나 서사의 흐름을 잘 담아낼 수 있도록 일정한 정돈이 필요해 보인다.

하지만 하나의 방향성을 향해 치열하게 글을 써나가는 끈기와 그 뒤끝에서 도출하는 소설적 결미는, 이 작가를 신인으로 발굴하기에 충분한 요건이라 할 수 있었다. 일찍이 마르셀 프루스트가 활용한 '의식의 흐름' 기법이나, 한국의 하일지 작가가 '경마장' 시리즈에서 보여준 의식 내면의 탐색을 환기할 수 있는 소설로, 앞으로의 발전 가능성을 기대하게 한다.

제13회 달라스문학 신인상 심사평

김종회

경남 고성 출생. 문학 평론가. 경희대학교, 대학원 문학박사. 경희대학교 교수역임, 중국 연변대학교 객좌교수, 경남정보대학교 특임교수. 1988년 『문학사상』 문학평론 등단. 한국문학평론가협회, 한국비평문학회, 조병화시인기념사업회 등 협회 회장 역임. 현재 황순원문학촌 소나기마을 촌장, 이병주기념사업회 공동대표, 한국디지털문인협회 회장, 한국디카시인협회 회장. 김환태평론문학상, 김달진문학상, 편운문학상, 유심작품상 등 수상. 『문학과 예술혼』 『문학의 거울과 저울』 『한민족 디아스포라 문학』 『삶과 문학의 경계를 걷다』 외 다수.

기획연재 _ 토지와 건축

조재성

다문화 도시 LA와 도시계획 조례 개정

조재성

지난 5월 4일 KIWA와 LA 도시계획국은 저소득 계층을 위한 아파트 공급 공청회를 열었다. 공청회에 참가한 교민 대부분은 대중교통 중심 인센티브(TOC) 프로그램으로 공급되는 저소득층 아파트 입주의 어려움을 호소했다. 이날 도시계획국은 올가을까지 도시계획 조례를 수정해서 주택공급을 확대하겠다고 약속했다.

그러면 왜? 글로벌 문명을 선도하는 다문화 도시 LA에 홈리스가 많고, 형평성 있는 커뮤니티를 보장하는 저소득 아파트가 부족한가? 이러한 문제를 해결하기 위해 개정되는 조닝 조례에는 무엇이 담겨야 하는가?

미국 내 다른 도시와 마찬가지로 LA도 임대료와 매매 가격이 동반 상승하는 등 심각한 주택 부족 현상을 겪고 있다. LA에서 저소득 아파트의 충분한 공급은 인종 간의 긴장감을 해소하고, 커뮤니티의 적주성을 높이는 데 기여할 것이다. 이것은 도시계획을 집행하는 수단인 조닝을 통해서 이루어질 수 있다.

그러나 LA의 조닝도 낡은 도시계획 관행에 사로잡혀 있다. 현재 LA의 토지 중 74%가 부유한 계층이 거주하는 단독 주택 용도로 지정되어 있고, 저소득층을 위한 고밀도 아파트를 위한 토지의 비율은 매우 작게 지정되어 있다. 또한 긴 시간이 소요되는 도시계획 승인 과정은 저소득층 아파트 건설을 더욱 어렵게 하고 있다. 도시계획 조례 개정이 필요한 이유이다.

LA는 중대한 변화를 시도했다. 2022년 12월, LA시장 배쓰는 저렴한 주택 프로젝트의 승인을 빠르게 하기 위해 "행정명령 1호"(ED1)를 발동했다. 개발업자들도 허가 기간의 단축과 경직된 조닝 규제를 피할 수 있어 환영했다. 배쓰 시장의 행정명령은 기존 조닝에서는 허용되지 않던 더 많은 호수와 더 높은 층수를 올릴 수 있도록 하였고, 주차장 확보 규정을 완화하는 "밀도 보너스"와 "TOC"를 적용할 수 있도록 하였다.

그러나 시장의 저소득 계층을 위한 혁신적 노력에도 불구하고, LA시의 조닝은 저소득 커뮤니티를 배제하는 수단으로 조닝을 사용하였다. 시장이 행정명령에 서명하고 6개월이 경과하자, 도시계획국은 계획을 수정하여 부유한 계층이 거주하는 단독 주택 지역에 저소득층을 위한 아파트 건설을 제외시켰기 때문이다.
지난 5월 4일 도시계획국은 25만 개 이상의 저소득층을 위한 임대 주택이 여전히 부족한 상태라고 밝혔다.

과대한 단독 주택 지역 지정이 사회적 격차를 강화하는 것은 LA만의 문제가 아니다. 미니애폴리스와 포틀랜드와 같은 도시는 단독 주택 지역 지정이라는 용도 규정을 삭제하는 혁신적인 도시계획 조치를 취했다. 그리고 모든 지역의 주택밀도를 높였다. 한 걸음 더 나아가 다운타운과 지하철이나 버스 같은 대중교통 노선을 따라 더 높은 밀도를 허용하도록 조닝을 변경하였고, 심지어 주차장 규제를 완화했다. LA 배쓰 시장의 노력은 저소득 아파트의 확대 공급 가능성을 보이고 있지만 한편으로 조닝 조례 개혁의 시급성도 보여주고 있다.

이러한 상황을 개선하기 위해 도시계획국과 주택국, 지역정치인, 시민단체, 주민들 간의 지속적인 대화가 필요하며, LA를 더 좋은 도시로 만들기 위한 정책 개선과 협력이 필요하다.

자율 주행 자동차, 스마트 시티 그리고 도시계획

2016년도 한해에만 우리나라에서 22만 건의 차량 충돌이 발생했고, 차량 충돌 사고로 4,300명이 목숨을 잃었다. 차량 충돌 사고의 증가를 막고, 사고로 인한 인명피해를 줄이는 방법은 없을까? 미래 도시 교통 연구자들은 자율 주행 차량의 등장은 차량 충돌 사고를 획기적으로 줄일 것으로 전망하고 있다.

자율 주행 자동차 기술은 인공지능의 발전에 힘입어 빠르게 발전하고 있다. 인공지능의 발전은 승용차에 기사가 없어도 부드럽고 정교하게 차량이 운항을 할 수 있도록 해준다.

미국이나 싱가포르에서는 기사 없는 차량이 벌써 거리에서 달리고 있다. 구글의 자율주행 차량인 '웨이모'는 미국 애리조나주 피닉스시에 현재 600대의 자율 주행 밴을 운영하고 있다. 신기술과 새로운 비즈니스의 융합은 자율 주행 차량의 실용화를 앞당기고 있다. 정부는 1조 7,000억 원(세종 7,000억 원·부산 1조 원) 이상의 자금을 투입해 세종시 5-1 지역과 부산 에코델타 시티에 '스마트 시티' 시범도시를 2021년까지 만든다고 발표했다.

기사 없는 자동차를 필두로 하는 새로운 교통 기술의 출현은 20세기적 도시문제의 해결을 돕고, 21세기의 스마트 시티 패러다임을 선보이고 있다. 인공지능, 정보 처리기술의 발전, 새로운 교통 기술의 출현은 21세기를 살아가는 인류에게 유토피아를 선사할 것인가? 디스토피아를 가져다줄 것인가? 스마트 시티의 실현을 위한 준비를 교통 전문가와 도시 계획가들은 어떻게 하고 있는가?

우버, 리프트, 카카오 택시 같은 공유 차량의 출현은 이미 도시 내 주차장 면적이 차지하는 비율을 감소시키고 있다. 교통 전문가들은 21세기 스마트 시티에서는 현재 주차 면적의 10~15% 정도면 주차 수요를 충분히 감당할 수 있다고 예측하고 있다. 미국에서는 이미 '리프트'와 '우버'가 주행하는 일부 도시에서 주차장 면적이 감소하고 있다. 주차장 용지의 축소는 도시 내 주차장 부지를 전용하는 대대적인 재개발을 일으킬 것이다.

자율주행 차량은 시간당 120마일 정도의 속도로 사람들을 도심에서부터 현재보다 더 빠르게, 더 멀리 나가는 장거리 통근을 가능케 할 것이다. 대 도시권으로의 통근 거리는 더욱 확장되고, 그와 더불어 토지공급의 증가는 지가의 하락을 가져올 것이다.

궁극적으로 20세기 도시의 악몽인 "도시 난개발" 현상은 종말을 고할 것으로 예상된다. 매일 아침 자연환경이 좋은 강원도 평창 정도 거리의 전원 주거지에서 서울로 출근하거나 서울에서 세종시로 통근하는 '초 원거리 통근자'를 볼 날이 머지않았다. 더 나아가 보다 많은 사람들이 자율주행 차량을 타고 부산, 대구, 광주, 목포 등 원거리에서 통근하는 '하이퍼 스프롤' 현상이 나타날 것이다.

자율 주행 자동차의 등장은 도시 내 물리적 구조의 변화를 가져올 것이다. 예를 들면 건물이 빼곡히 들어서 있는 '가구'(블락)에 짧은 승차와 하차를 위한 공간을 할당해야 하기 때문에 '가구' 디자인을 바꾸어야 한다. '러시아워' 시간대에 자율 주행 차량이 건물 '커브 싸이드'에 접근하기 위해서는 자전거 또는 노선버스 차선과 경쟁해야 한다. 그러므로 자율 주행 차량이 짧게 주·정차할 수 있는 공간 수요는 증가할 것이며, 그를 수용하기 위해서는 '가구' 디자인의 변화가 불가피하다. 기사 없이 달리는 자동차의 출현은 작게는 도시 내 블럭 규모, 도시구조, 광역 차원의 인프라 구조의 변형을 가져올 것이다.

자율 주행 차량의 선발대인 공유 차량이 가져오는 충격은 도시의 물리적 구조에만 한정하지 않고, 이미 경제 전반에 영향을 미치고 있다. 공유 차량의 등장은 기존 운수 관련 산업 종사자들을 '레드 오션'으로 몰아넣는 충격을 주고 있다. 운전기사들의 일자리가 사라지는 대재앙이 발생하고 있다. 국내에서도 2018년 말부터 카카오 모빌리티의 카풀 서비스 개시에 반대하며 택시 기사 2명이 목숨을 끊고, 1명은 자살을 기도하는 사건이 있었다. 자율 주행 차량의 등장은 승용차, 트럭, 버스 등에 종사하는 운전자들의 일자리를 소멸시키기 때문에 정부는 운전기사들을 신속하게 타 산업 부문으로 재배치해야 하는 압력을 받을 수밖에 없다. 자율 주행 차량으로 인해 일자리를 잃게 된 운전기사들은 자율 주행 차량의 운행을 반대하는 시위할 것이고 정권을 위태롭게 하는 사회 내 정치적 쟁점으로 등장할 것은 불을 보듯 뻔하다.

110년 전 미국에서 "포드 모델 T" 자동차가 처음 거리에 등장했을 때 시민들이 받았던 혼란과 충격을 반복해서는 안 된다. 기사 없이 주행하는 차량은 20세기의 고질적인 도시문제였던 교통 체증, 주차장 부족, 차량 정체 스트레스로 인한 난폭 운전 등의 문제를 제거하고, 교통 체증 없이 먼 장거리까지 안락한 여행을 가능하게 해줄 것이다.

21세기형 스마트 도시의 청사진이 마치 유토피아처럼 그려지고 있지만, 기사 없는 차량의 등장은 도시계획 패러다임의 변화를 요구하고 있다. 전통적인 용도지역제(조닝)에 의한 도시 내 토지의 기능 분리는 무력화되고, 혼합 용도의 토지이용이 대세로 떠오르며, 직주 근접의 원리 같은 20세기 창안된 도시계획 기술은 21세기 스마트 시티에서는 그 존재 의미를 상실할 것이다.

기사 없는 승용차 시대의 도래는 건물이 세워지는 도시 상부구조와 통신선로 등 광케이블이 매장된 도시 인프라 구조의 통합 필요성을 제기하고 있다. 도시계획은 토지이용과 교통을 통합하며 21세기 새로운 도시 형태를 제시해야 할 책임이 있다.
자율 주행 자동차 시대의 도래에 대비해 교통 전문가, 건축가, 도시 계획가들은 어떤 준비를 하고 있는가?
자율 주행 자동차 시대에 걸맞은 새로운 도시 형태의 실현은 공학 기술만의 과제가 아니라, 오히려 정치 영역의 문제일 것이다.

조재성

서울대학교 건축학과 졸업. 도시계획학 박사학위 수료. 원광대학교 도시공학과 명예교수. 엘에이 거주. 대한국토·도시계획학회 학술상,『미주가톨릭 문학』소설부문 신인상 수상. 브런치 작가, 자유기고가, 도시 건설 및 건축학 전문가. 달라스한인문학회 회원.『미국의 도시계획』,『도시와 현대사회』,『100년 후의 도시를 설계하라』외 다수 출간.

김명기

Jasmine Lee

기분 좋은 날

특별기획_TEXAS PEOPLE

김명기

Jasmine Lee

무명씨, 그럼에도 불구하고 난 김명기

김명기

　옛날 고전 작품들 속에 종종 등장하는 '무명씨'는 이름을 알 수 없거나, 공개되지 않은 사람을 지칭한다. 우리가 흔히 쓰는 '아무개'란 말로 더 익숙하다. 의술이 발달하지 못했던 옛날에, 아기가 태어나서 100일 동안의 생존율이 높지 않았던 탓에, 100일 동안 무사히 자란 것을 대견히 여겨 잔치를 벌여 주었다. 누구에게나 당연히 주어지는 이름이건만, 이름 없는 이들도 많았다고 하니 당연한 내 이름이 얼마나 소중한지 모른다.

　방송을 하다 보면, 아이디나 닉네임으로 소통하는 경우가 많은데, 무릎을 '탁' 칠만한 기막힌 작명 실력에 절로 감탄하곤 한다. 학교 다닐 땐, 번호로 불리기도 했고, 대학 시절 받은 학번은 몇십 년이 지난 지금도 잠꼬대로 줄줄 나온다는 게 신기할 따름이다. 결혼을 한 후에는 누구의 엄마, 누구의 아내로 불리게 되면서 내 본연의 이름이 낯설어지기 시작한다. 그즈음이 되면, 여자들은 몸에서부터 '제2의 사춘기'를 동시에 겪게 된다.

　본연의 나를 찾는 간단하고도 확실한 방법! 그것은 누군가가, 나의 이름을 불러줄 때가 아니던가! 다정하게 내 이름이 불릴 때면, 마치 '무명씨' 같아진 내가 어느새 진짜 나를 찾아가는 결정적인 순간이 된다. 세상 한가운데서 크게 외쳐본다.

"내 이름은 김 to the 명 to the 기."

내가 가장 좋아하고, 고결하게 사용하는 말 중 하나는 '그럼에도 불구하고'이다. 그 말에는 왠지, 장애물 경기처럼 무언가 방해적인 요소가 느껴지고, 그것을 극복해 나가는 성실함이 있어 보여서다. 태어나자마자 금수저를 물고 타고난, 운이 억수로 좋은 사람들이 아니고서야, 고군분투하며 치열하게 본인의 상황과 맞서 싸워 나가는 '파이터'의 기운마저 담겨 있는 듯해서 더욱 거친 매력을 품은 말이라는 생각이 든다.

'그럼에도 불구하고'라는 말은 반드시 해야 할 일 앞에 섰을 때, 두려움을 이겨낼 용기를 준다. 그 단어가 나의 마음속에 대들보처럼 중심을 잡고 있는 한, 또다시 비장한 각오를 다지게 되고 허리를 곧추세우게 된다.

나는 방송 진행자다. 어느덧 또 하나의 가족이 된 '싱글벙글쇼' 스텝들과 시청자가 있어서 오늘도 나는 행복 더하기를 꿈꾼다. 그럼에도 불구하고 우린 또 함께일 테니까, 그럼에도 불구하고 말이다.

쇼핑할 때, '한정판'이란 문구와 마주할 때면 몸과 마음이 다급해진다.
한정판, 지금이 아니면 살 수 없을 것 같은 그 기분을 누구라도 한 번쯤 느껴봤을 거다. 남들보다 먼저 사야 할 것 같은 그 느낌, 남들이 더 이상 갖지 못한 것을 내가 쟁취한 승리감! 한정이라는 것이 이렇듯 사람의 마음을 좌지우지할 수 있다는 게 놀랍다.

비단, 한정판이라는 말이 아니어도 사람이나 기회, 또는 우리네 인생에서도 그러한 일들은 비일비재하다. 지금 놓치면 평생 후회할 것 같은 일, 사람 그리고 인생…. 그런 생각이 들 때면 SK-II 화장품 광고 문구가 떠오른다.

"놓치지 않을 거예요."

광고 모델은 여러 번 바뀌었지만, 그 문구는 해당 코스메틱 브랜드의 가치를 높이는 데 혁혁한 공을 세웠다.

사람이든 일이든, 우리의 인생에서, 기회가 왔을 땐 잡아야 한다고 용기를 내어본다. 그것은 마치, 다시는 오지 않을 내 인생의 '한정판' 일 수 있기 때문이다.

그토록 더디게 꾸물거리며 늦장을 부리다 찾아올 2024년의 가을!

짧아서 아쉽고, replay할 수 없는 계절이어서 애틋한 올해 '한정판' 가을이다. 내 인생의 한정판인 가을의 문턱에 서서, 열심 다해 지나온 인생의 봄과 여름을 되새겨본다. 상큼했던 봄, 푸르렀던 여름을 지나, 알록달록 물들어갈 멋진 단풍을 기대해 본다. 최대한 만끽하고 음미하며, 또다시 열심히 내 인생의 가을을 맞이할 준비를 해본다. 수많은 기적 속에서 오늘을 살게 하시고, 희망을 품게 하시는 하나님께 모든 감사를 드린다. 내 이름자 앞에 붙어있던 수식어 말고 부모님이 지어주신 내 이름자를 기억해 주기 바란다면 욕심이 될까. 오늘도 오프닝멘트로 하루를 열어 본다.

"저는 김명기입니다."

김명기

충남대학교 영어영문학과 수석 졸업. ATENEO UNIVERSITY 대학원 영문과 석사과정 수료. SBS 스타킹 출연, 동안미녀라는 닉네임 얻음. 2013, 코리아나화장품 주최 '자인 동안선발대회' 1등 수상. 2013, Mrs. Globe 세계미인대회 한국 대표 '미' 선발. 2013, '한국을 빛낸 사람들' 아시아 모델 부문 대상 수상. 2014, 제35회 서울연극제 공동기획작 〈레미제라블〉 여주인공 팡틴역 출연. 독립 단편 〈자스민〉 출연. 월간지『Queen』, 『우먼센스』 화보 모델. 2014 경기신문 i-News 아나운서. 2015 재능기부협회 책임교수 및 아나운서. 달라스 코리안 라디오 DKnet '싱글벙글쇼' 진행자. 포토 에세이집『선물』.

조금은 헐거워진 신발로 한 걸음 한 걸음

Jasmine Lee

몇 년 전, 아들이 중학생일 때 학교 교감 선생님에게서 연락이 왔었다. 학교 선생님들에게 강연을 해줄 수 있느냐는 부탁이었는데 한국어 수업이라고 했다. 선생님들께 한국어를 가르치는 수업인가 하고 흔쾌히 예스를 하고 교감 선생님을 만나러 갔다. 그런데, 생각지도 못했던 반전이 있었다. 수업을 하되 오로지 한국어로만 수업을 해야 하고 영어는 절대로 쓰면 안 된다는 것이다. 아니, 한국어를 전혀 모르는 미국 선생님들에게 100% 한국어로 수업을 하라니, 이게 도대체 가능한 일인가 싶어서 고개를 갸우뚱했더니 교감 선생님께서 이 수업의 취지를 설명해 주셨다. 요즘 외국에서 학생들이 많이 들어오는데 영어를 전혀 할 줄 모르는 학생들이 많아서 수업에 어려움을 겪는 경우가 많은데 선생님들이 이 학생들의 마음을 좀 더 이해하고자, 미국 표현으로 'Wear someone else's shoes', 역지사지(易地思之), 남의 신발을 신어 보는 경험을 하고자 이 프로그램을 계획한 것이라고 했다. 과연 미국 선생님들에게 한국어로 수업을 진행하는 게 가능한 일일까 반신반의하면서 일단 하겠다고 수락했다.

교감 선생님과 몇 차례 미팅을 더 한 후, 결전의 강연 날이 다가왔다. 한국 문화를 소개하고픈 마음에 한국 과자들을 잔뜩 준비해 갔다. 강단 앞에 서서 100명에 달하는 선생님들이 눈을 반짝이며 나만 바라보는데 '이 수업, 잘할 수 있을까?' 하는 생각이 들었다. 침을 꼴딱 한번 삼키고 내 소개를 했다. 한국말로 내 이름, 쟈스민은 알아듣는 것 같았다. 10년 지기 내 친구도 그 학교 선생님이라 나를 바라보는 다정한 눈빛에 힘이 났다. 1시간 동안 진행될 수업의 목표는 도화지에 집과 사과나무와 태양을 그리는 것이었다. 수백 개의 눈빛이 오로지 나를 향해 바라보는데 그들의 언어 영어로 소통할 수 없다는 게 얼마나 답답하고 안타까웠는지 모른다. 영어 몇 마디면 끝날 것을 나는 이들에게 어떻게 수업을 진행해야 할지 정말 기가 막혔다. 만국 공통 언어인 보디랭귀지를 쓸 수밖에. 나는 일단 집 모양을 손으로 만들어 보여주면서 이게 집이란 걸 제발 알아야 할 텐데 하는 간절한 눈빛으로 선생님들을 바라보았다. 선생님이 아닌 학생의 위치로 수업에 온 선생님들은 정말 백지처럼 하얀, 아무것도 모르겠다는 천진스러운 모습으로 나만을 바라보고 있었다. 집 모양을 어떻게든 만들어보려는 나의 노력이 몇 명의 선생님들 눈에는 통했고 몇몇 선생님들이 집을 그리기 시작했다. 집을 그린 선생님들을 향해 내가 고개를 끄덕이며 해맑게 웃자 다른 선생님들도 따라서 집을 그리기 시작했다.

    역시 보디랭귀지는 통했다는 안도감에 나는 또 사과나무를 표현하려고 동그랗게 원을 그리고 사과를 베어 먹는 모습을 보여줬다. 고개를 갸우뚱하며 도대체 저 조그만 동양 사람이 뭘 말하려고 하는지 당최 모르겠다는 표정의 선생님, '아하, 알았다'라는 듯 고개를 끄덕이며 그림을 그리는 선생님, 주변 선생님들이 뭘 하는지 여기저기 둘러보는 선생님들, 정말 가지각색의 모습들이 눈에 들어왔다. 나는 강단에서 내려와서 선생님들 한분 한분과 눈을 맞추며 사과를 그린 선생님에게는 환하게 웃으며 잘했다고 칭찬을 해줬고 갈피를 잡지 못하고 정말 모르겠다는 표정의 선생님 앞에서는 다시 열심히 보디랭귀지로 사과를 만들어 보였다. 이제 태양만 그리면 완성인데 우려했던 것보다 많은 선생님들이 이미 집과 사과나무를 그렸고 서로 도와 가며 수업을 잘 따라오고 있었다. 나는 천장을 바라보며 눈이 부신 시늉을 하면서 선생님들을 바라봤다. 선생님들을 둘러보니 새하얗던 백지 도화지에 어느새 집, 사과나무, 태양이 그려져 완성 되어가고 있었고 처음에 전혀 모르겠다며 고개를 갸우뚱하던 선생님들도 어느새 그림을 완성해 가고 있었다. 파란 눈, 노란색 머리 선생님들의 얼굴에서 한국에서 막 온 학생들의 두려움과 설렘 섞인 표정이 오버랩되었다.

영어 한마디 할 수 없는 이 수업을 어떻게 헤쳐 나갈까 하며 걱정했던 한 시간이 어느새 순식간에 흘러갔다. 거의 모든 선생님의 도화지에는 집과 사과와 태양이 그려져 있었다. 그림이 완성된 후 교감 선생님은 내 수업에 어떤 점이 좋았는지 선생님들께 질문을 하는 시간을 가졌다. 선생님들은 "자신들의 눈을 바라보며 교감하는 모습이 너무 좋았다. 옆에 다가와서 설명해 주고 표현해 주는 것이 도움이 많이 되었다"라며 자신들이 느꼈던 점을 이야기했다. 자신들을 도와주려는 진심이 느껴졌다며 환하게 웃는 선생님들의 미소에 나도 온 마음으로 환하게 웃을 수 있었다. 또한, 선생님들은 외국에서 온 학생들이 얼마나 답답했을지 이 수업을 통해 절실히 느꼈다며 학생들에게 좀 더 귀를 열고 마음을 더 열어야겠다고 포부를 밝히기도 했다.

한 시간의 수업이 외국에서 건너온 학생들의 낯섦과 어색함을 어찌 다 표현할 수 있었겠느냐마는 그래도 언어를 이해하지 못하는 데서 오는 답답함과 좌절감을 어느 정도는 체감 하지 않았을까 싶었다. 정말 말 그대로 남의 신발을 신어 보는, 선생님이 학생들의 신발을 신고 그들의 눈과 귀가 되어 그들의 심정과 감정을 체험해 볼 수 있었던 그 한 시간이 그들의 앞으로의 수업에 많은 영향과 도움이 되었으면 하는 바람으로 수업을 마쳤다. 다음날, 학교에서 돌아온 아들이 "엄마, 학교 선생님들이 엄마가 Jasmine이지 하면서 다 엄마를 알아" 하면서 신이 나서 얘기를 하는데 뿌듯한 미소가 피어올랐다.

나에게도 값진 경험이었다. 어느새 미국에서 생활한 지 30년이 다 되어간다. 미국에 처음 도착했을 때의 경험을 떠올려주었던 좋은 시간이었다.

어학연수를 하러 University of Georgia에 와서 영어프로그램에 반을 배정받았을 때 11명 학생 중 9명이 한국인이었다. 우리들은 선생님의 말씀을 잘 알아들을 수 없었고, 종종 한국말로 도대체 선생님이 뭐라는 거냐고 서로 대화를 했다. 급기야 선생님은 수업 시간에 한국어로 대화할 경우, 벌금으로 Quarter(25cent)를 내기로 정했는데 유리병에는 한국 학생들이 내는 벌금으로 가득 차기도 했었다. 언어가 통하지 않을 때 우리는 혼란에 빠지고, 초라해지고, 불안에 떨게 된다. 이런 학생들의 기분을 조금이라도 이해하고 그들의 마음이 되어서 조금은 더 공감해 주고 조금은 더 이해해 준다면 선생님들도 학생들에게도 조금은 더 즐겁고 행복한 학교생활이 되지 않을까 싶었다.

아들은 미국에서 태어나 영어가 첫 번째 언어이지만 여름방학 때마다 한국에서 초등학교에 다니고 한글학교도 꾸준히 다닌 덕에 한국말을 잘하는 편이다. 내가 한글학교 선생님을 하는 2년 동안 아들은 보조 선생님을 하기도 했는데, 힘들기는 했으나 보람도 있고 서로에게 참 소중한 시간이었다. 아들도 10여 년간 한글학교 학생이었던 경험을 되살려 학생들의 마음을 이해하고 공감하는 보조 선생님이 될 수 있었던 것 같다. 요즘 세상에서 가장 필요한 능력 중 하나가 공감 능력이 아닐까 싶다. 소셜미디어의 홍수 속에서 자라나고 있는 아이들이 남의 상처에 공감하고 배려하고 남의 기쁨에 함께 기뻐할 수 있다면 세상은 조금은 더 훈훈하고 살맛 나는 곳이지 않을까?

아들 덕분에 중학교에서 미국 선생님들에게 한국어 수업도 해보고 언어가 통하지 않을 때의 답답한 고충을 겪는 아이들의 심정도 이해해 보고, 그 모습을 지켜보는 선생님들도 답답하기는 마찬가지일 거라는 생각도 해보았다. 특히 한국에서 미국이란 거대한 땅에 건너와 아이들이 과연 학교생활에 잘 적응하고 있을까 노심초사하는 부모님들의 마음도 떠올랐다. 답답함으로 꽉 차서 한 걸음도 내디딜 수 없는 신발을 신은 느낌의 아이들에게 공감 한 스푼, 이해 한 스푼을 신발 위에 살포시 뿌려준다면 아이들은 조금은 헐거워진 신발로 한 발짝 한 발짝 천천히 나아갈 수 있지 않을까?

Jasmine Lee

서울디지털대학교 문예창작학과 졸업. Georgia Southern University- MBA, 저널리즘 부전공. 달라스 코리안 라디오 DKnet '쟈스민의 기분 좋은 날' 진행자. 브런치 스토리 작가. DK Foundation 홍보 이사 위촉. 대우그룹 '젊음에게 라디오 캠페인' 카피상 수상. SBS 미국 통신원, MBC 월드넷 영파워 애틀란타 통신원. 백운 프로덕션 카피라이터, Samsung Telecom America, Ericsson, NEC, Epiroc 근무.

여름은
연둣빛 종이비행기를 타고
빨간 머리를 풀어 헤친 섬으로 떠났습니다

풀 내음 가득한 삼베 이불을 가지런히 개어
아쉬운 마음 그대로
농에 넣으면
자꾸
그리운 마음이 생겨나
전화를 들면
뚜뚜뚜
가을이 고동칩니다

창에 파득거리는 가을비
그리고,
다이얼을 돌리면
단파로 잡히는 가을 엽서가
나무보다 먼저 단풍이 됩니다

-시, 가을. 오승용(달라스한인문학회 제4대 회장)

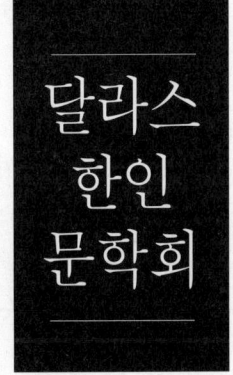

달라스 한인 문학회

달라스한인문학회 소개

달라스한인문학회 카페

2023 달라스한인문학회 약사

달라스한인문학회 역대 회장 및 임원명단

달라스문학 신인상 공모전

달라스한인문학회 소개

달라스한인문학회(Korean Literature Society of Dallas)는 텍사스 주 인근 지역에서 활동하는 문인들과 문학 동호인들의 친목과 단합, 창작 활동과 문학 교류를 도모하며 회원 상호 간의 우호 증진에 기여함을 목적으로 하는 문학 단체이다.

1996년 9월 27일 '글사랑모임'이라는 타이틀로 발기하여 1997년 5월 '다래머루회', 98년 '텍시스머루문학회', 밀레니엄 시대 돌입과 함께 '달라스문학회', 2004년 8월에 '달라스한인문학회'로 단체명을 변경하고 2011년 텍사스 주 정부에 비영리단체로 등록하였다. 인터넷 검색 포털 사이트 '네이버'에 '달라스한인문학회' 카페를 개설하여 운영하고 있다.

달라스한인문학회에서는 문학에 뜻이 있는 분들을 위해 '달라스문학 신인상 작품 모집'을 통해 신인을 발굴하고 문학인으로서의 성장을 돕고 있다. 2024년부터 '달라스문학 신인상 공모전'으로 명칭을 변경하고 상장과 상금을 수여한다. 또한, 유명 작가들을 모시고 문학 강연회 및 시낭송회, 백일장 등을 개최하여 지역 사회인과 소통하는 행사를 하고 있다. 이민 2세들을 위해 달라스 지역 한국학교 행사인 독후감 대회나 백일장 대회를 후원하고 돕는다.

달라스한인문학회가 발행하는 연간지 『달라스문학』은 2005년 창간호를 시작으로 오늘에 이르기까지 달라스한인문학회 회원들과 송상옥, 최인호, 김우종, 김종회, 정종명, 권대근, 안익수, 김동찬, 장효정, 문인귀, 김수자, 안재동, 이정록, 김기택, 함민복, 윤석산, 한혜영, 오승재, 문정영, 김준철, 김현경, 손홍규, 박문영, 홍영순, 고광이 등 국내외 유수 문인들이 참여하였다. 또한,『달라스문학』 표지화를 위해 오세희, 김선하, 이은희, 문정, 신민, Janice Park, 우혜린, 우혜원 작가가 재능기부를 해주었다. 많은 분의 수고와 격려로 한호도 거르지 않고 출간할 수 있었음을 감사하며, 통권 19호를 세상에 내놓는다.

『달라스문학』은 달라스한인문학회 회원들이 심고 가꾸고 열매 맺은 작품으로 엮은 사진첩이며, 재외 한국문학의 역사다.

달라스한인문학회 카페

http://cafe.naver.com/dallas1234

달라스한인문학회는 2007년 12월 13일 인터넷 검색 포털 사이트 '네이버'에 '달라스한인문학회' 카페를 개설했다. 지역과 시간의 한계를 극복하고, 인터넷상에서 더욱 폭넓은 문학적인 교류의 물꼬를 트는 방안으로 개설한 것이다.

인터넷 카페 '달라스한인문학회'는 오프라인상 '달라스한인문학회'의 부속 기구로 운영되며, 문학회의 홍보 및 작품과 문학 정보 교류 등을 담당하는 것을 원칙으로 한다.

카페 회원은 2024년 8월 말을 기준으로 500여 명이다. 카페는 오프라인의 정회원들 방이 있어 자신의 시, 수필, 소설, 칼럼 등을 올려 나누고 있으며, 온라인 회원도 자유롭게 글을 올릴 수 있다. 또한, 공지 사항을 통해 월례회나 문학회 행사 그 밖에 회원 소식을 공지하고 '달라스한인문학회 사진첩'을 통해 다양한 활동 모습을 볼 수 있다.

'달라스한인문학회' 카페는 추후 공식적으로 개설하게 될 달라스한인문학회 홈페이지의 전신으로서 기능을 다하고 있다. 그러므로 문학회 활동에 관한 자료를 기록해 두는 역할을 통해 향후 '달라스한인문학회'의 역사 편찬 시 귀중한 자료로 사용할 수 있다.

2023 달라스한인문학회 약사

1월
- 1월 8일 『한솔문학』 초청 '김종회 교수 신년맞이 문학 강연회'에 박인애 회장이 참석하여 축사를 전하고 회원들의 참여를 독려함.
- 1월 29일 달라스한인문학회 1월 정기 모임
  김정옥 화가 초청 강연
  일시: 2023년 1월 29일 (일) 2시 30분
  장소: Josey Ranch Library
- 계간지 『동행문학』 봄호에 '제1회 정지용 해외문학상 수상자 박인애 특집' 실림.

3월
- 손용상 회원, 계간 『시선』 창간 20주년 기념 2023 '시선 해외 시문학상' 대상 수상.
- 손용상 회원의 시집 『연연연… 바람이 숨 죽이자 꽃이 되어 돌아왔네』 출간.

4월
- 2023 미주한국문인협회가 발행하는 계간지 『미주문학』 여름호에 달라스한인문학회 특집 실림.

5월
- 5월 15일 최기창 회원 동시집 『아흔여섯 개의 봄』 출간 축하 모임. 다미식당.

6월

- 6월 10일 천명관 소설가, 엘에이 한국문화원 정상원 원장 일행과 달라스한인문학회 회원들과 만남의 시간 가짐. 다미식당.
- 6월 11일 영국 부커상 최종 후보에 오른 천명관 소설가의 『고래』 북토크에 회원들 참여. 달라스 컨템퍼러리(Dallas Contemporary) 미술관.
- 6월 25일 달라스한인문학회 6월 정기 모임
  박문영 작곡가 초청 강연
  일시: 2023년 6월 25일 (일) 2시 30분
  장소: Josey Ranch Library

7월

- 7월 1일 11시, 수라식당. '달라스출장소 개소 10주년' 행사에 단체장을 초청하여 박인애 회장 참가.
- 7월 13~14일 LA한국문화원에서 열린 한국번역문화원 주최 '디아스포라 한글문학 교류' 행사에 『달라스문학』 발행인 및 편집국장 자격으로 박인애 회장 참가.
- 백경혜 회원, KTN 칼럼니스트 활동 시작.
- 손용상 회원, 중단편소설집 『파도야 어쩌란 말이냐』 출간.
- 7월 28일 12시. 오미식당. 달라스영사출장소 김명준 출장소장, 이율리 영사 초청 문화예술 부문에서 봉사하는 단체장 격려 자리에 박인애 회장 참석.

8월
- 8월 18~19일 미주한국문인협회가 주최한 '2023 여름문학캠프'에 최정임, 박인애 참가.

9월
- 9월 22일 달라스한인문학회 9월 정기 모임
  일시: 2023년 11월 26일 (일) 2시 30분
  장소: Josey Ranch Library
- 9월 27 LA한국문화원과 세종학당이 주관한 '2023 미주 온라인 시낭송대회' 심사위원으로 박인애 회장 참가.

10월
- 10월 20일 오후 8시 미주한국문인협회 주최 문태준 작가 줌 강의에 회원들 참여 독려.
- 10월 26 8시 15분 줌 임원회.

11월
- 11월 9일 임재희 소설가 장편소설 『세 개의 빛』 26권 달라스한인문학회 회원들에게 기증.
- 11월 11일 『달라스문학』 18호 출간.
- 백경혜 회원, 제25회 재외동포문학상 「친정」으로 가작 수상.
- 11월 1~25일 역량 있는 신인 작가 발굴을 위한 '달라스문학 신인상 작품 모집' 공지.
  달라스한인문학회 주최. 한국디카시인협회, 한국디카시인협회 텍사스지부, 미주예술인총연합회 후원으로 '제1회 달라스한인문학회 디카시 공모전' 개최.
- 11월 26일 달라스한인문학회 총회 및 제11대 회장 선거
  일시: 2023년 11월 26일 (일) 2:00
  장소: Josey Ranch Library
  2023년 사업 보고: 박인애 회장, 재정 보고: 방정웅 회계, 재정감사 보고: 오명자 감사.
  차기 회장 선거 결과: 참여 회원: 10인(김명성, 김성균, 조정국, 김양수, 김정숙, 박인애, 방정웅, 오명자, 홍마가, 백경혜)과 회장단에게 위임한 회원: 13인(김추산, 백수길, 변명숙, 서경희, 손용상, 이경철, 김 남, 이혜선, 정만진, 조재성, 조현만, 최기창, 최정임). 김명성 회원이 김양수 부회장을 추천하여 무기명 투표를 한 결과 9표 득표에 위임 13표를 더해 총 22표 찬성으로 차기 회장에 당선. 김양수 당선자 당선 소감 발표.

12월

- 12월 5일 제13회 달라스문학 신인상 작품 모집 및 제1회 달라스한인문학회 디카시 공모전 수상자 발표. 심사위원 한국디카시인협회 김종회 회장.
  제13회 달라스문학 신인상 수상작, 이봉하의 단편소설「알마스티」에 상장과 상금 500불을 수여함.
  제1회 달라스한인문학회 디카시 공모전 수상작.
  최우수상: 한소담「꽃과 당신」.
  우수상: 신금재「겨울 묘지에서」, 정승호「당연한 것들」.

장려상: 오민아 「자연의 신비로움」, 이시연 「평행목」, 정문성 「겨울 바다」.
가작: 김국희 「기다림의 끝」, 백현남 「오리무중」, 안병희 「폐점」, 오경석 「마지막 카페」, 조용순 「아! 단풍 들었네」.

- 12월 10월 4시 수라 식당. 『달라스문학』 18호 출판기념회 및 송년회, 제13회 달라스문학 신인상 작품 모집 및 제1회 달라스한인문학회 디카시 공모전 수상자 시상식 함.
『달라스문학』 18호에는 회원과 초대작가가 참여. 디카시 7편, 시 34편, 동시 8편, 동시조 4편, 동화 3편, 수필 23편, 소설 1편, 콩트 3편으로 총 8개 장르 83편을 수록함.
『달라스문학』 18호 출판기념회는 달라스한인회 유성주 회장 축사. 디카시 수상자 한소담, 정승호, 정문성, 김국희, 백현남, 조용순씨가 자신의 시를 낭독하고 작품을 전시함. 3부는 송년회로 마무리함.
- 백현남, 정승호, 이봉하 신입회원 입회.
- 2024 달라스한인문학회 제11대 회장단 발표. 회장 김양수. 부회장 임태성, 정만진. 총무 백경혜. 회계 방정웅. 감사 오명자. 서기 백현남. 고문 박인애, 방정웅. 편집국장 박인애. 책임편집 김추산.

달라스한인문학회 역대 회장

제1대	1998~1999	안경화
제2대	2000~2003	김숙영
제3대	2004~2008	김수자
제4대	2009~2010	오승용
제5대	2011~2012	박인애
제6~7대	2013~2016	김미희
제8~9대	2017~2021	방정웅
제10대	2022~2023	박인애
제11대	2024~ 현재	김양수

2024년 달라스한인문학회 임원명단

회 장	김양수
부회장	임태성 정만진
총 무	백경혜
회 계	방정웅
감 사	오명자
서 기	백현남
편집국장	박인애
책임편집	김추산
카페운영	박인애
고 문	박인애 방정웅

제14회 달라스문학 신인상 공모전

달라스한인문학회에서는 참신하고 역량 있는 작가 발굴을 위해 다음과 같이 작품을 공모합니다. 문학에 뜻을 둔 분들의 참여를 기대합니다.

모집
- 단편소설 _ 1편 200자 원고지 80매 내외
- 수필·콩트 _ 2편 200자 원고지 15매 내외
- 시·시조 _ 3편 / 동시·동시조 _ 3편
- 동　화 _ 1편 200자 원고지 30매 이내
- 평　론 _ 1편 200자 원고지 80매 내외
- 희　곡 _ 1편 200자 원고지 70매 내외

원고 마감 2025. 10. 31.(기간 내 수시 접수 가능)

발표 개별통지

상금 상장과 상금 500불

시상 『달라스문학』 20호 출판기념회

심사위원 본지가 선정하는 심사위원으로 하며 입상작과 함께 발표

특전 입상작은 『달라스문학』에 게재하고, 입상자는 본 회의 회원이 되며 문학인으로서의 성장을 돕고 지원함

첨부서류 응모작품은 미발표 순수 창작품에 한하며, 이메일로 접수하되 '달라스문학 신인상 공모전 응모작'이라고 명기할 것. 본명, 주소, 전화번호를 명기할 것. 응모작품은 반환치 않음

보낼 곳 nadainae@naver.com

달라스한인문학회

사단법인 한국전통춤협회
TRADITIONAL DANCE ASSOCIATION OF KOREA

달라스문학 19호 출간을 진심으로 축하드리며
문학으로 하나 되는 단체 되시길 기원합니다.

사단법인 한국전통춤협회 미텍사스지부
지부장 박성신

☏ 469-735-6419

북텍사스이북도민회
North Provinces of Korea in North Texas

달라스문학이 미주 한국문학의 중심에 서길 바라며,

달라스한인문학회 발전을 기원합니다.

북텍사스이북도민회 회장 박인애
☏ 972-900-2751

좋은 글로 세상을 이롭게 하는 문인들 되시길 바라며,
달라스문학 19호 출간을 축하드립니다.

Choice Cap Dallas. Inc. 대표 박성민

11528 Harry Hines Blvd #A116, Dallas, Texas 75229
☏ 972-241-8124 www.lovecap.com

지역사회의 빛이 되는 단체 되시길 바라며

달라스문학 19호 출간을 축하합니다.

코윈 달라스지부 회장 차혜영
☏ 214 228 7138

달라스한인문학회의 무한한 발전을 기원합니다.

카스 정비(Kars Auto) Joseph Hong

11322 Kline Dr, Dallas, TX 75229

☎ 469-567-3632

달라스문학 19호 출간을 축하드립니다.
읽는이의 마음에 오래 남는 책이 되길 바랍니다.

한국디카시인협회 텍사스지부장 박인애

☎ 972-900-2751

달라스문학 19호 출간을 축하드리며
문학회의 무궁한 발전을 기원합니다.

달라스한인문학회 회장 김양수

☎ 201-699-7227

Eden Lingerie

달라스문학 19호 발간을 축하하며
글 열매 많이 맺으시길 바랍니다.

에덴 란제리 대표 백경혜

2625 Old Denton Rd, #230. Carrollton, TX 75007
☎ 972-323-4927

(전통) 토속민요 창민요 전수
(장고) 장단 '설장고' 사물놀이

달라스문학 19호 출간을 축하하며
문우님들의 건필을 기원합니다.

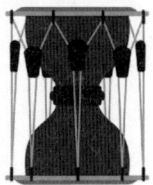

1904 Pleasant Valley, Plano, TX 75023
대표 김 남 ☎ 214-629-2454

Vetsavers Pet Hospital

달라스문학 19호 출간을 축하드리며
회원들의 건강과 행복을 기원합니다.

Sue Lee Mace, DVM
1025 W Hebron Pkwy, Suite 137, Carrollton, TX 75010
☎ 972-939-0900

그린힐 보험
Greenhill Insurance

그룹건강보험
Jihye Lee
Jonathon Sung

자동차/집보험
Michelle Choi
Sam No

사업체보험
Myung Park
Soohwan Kim

알링턴지사
Teresa Nguyen
Tammy Vu
Tin Vu

연금/IRA
Anna Byun
John Bang

세일즈
Hyunsoo Kim
Seoungwoo Lee
John Lin

개인건강보험/메디케어/생명보험
Jenna Lee
Mark Lee

그룹 대표
ANNA BYUN

고객 맞춤형 플랜!

18 보험 에이전트
18명의 보험 전문가가 적합한 상품을 찾아드립니다.

17 달라스 경험 바탕
17년 동안 고객의 신뢰를 쌓아온 그린힐 보험입니다.

50+ 보험회사 맞춤 견적
50개 이상의 보험회사 비교 견적으로 최상의 보험료를 선택해 드립니다.

972.243.3598

11498 Luna Rd. Suite 101
Dallas, TX 75234

info@greenhillinsurance.com

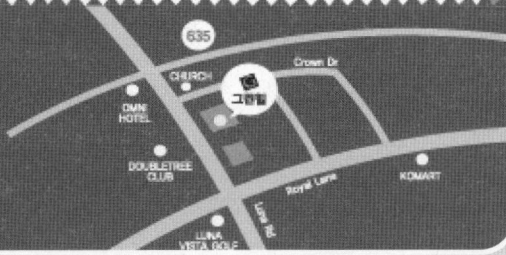

오래전에 한국으로 떠난 문우가 읽던 책 몇 권을 주고 갔다. 읽으려고 책장을 넘기다 공백에 적힌 메모를 보고 먹먹했던 기억이 남아 있다.

"내 수중에 있는 20불로 이 한 권의 책을 샀다. 두 끼의 식사 대신…. 현실 앞에 책을 읽는 것조차 사치스러운 삶이 되어 버렸다"라는 문장이 미국에서의 그 삶이 얼마나 힘들었는지 말해주고 있었다. 아무도 알아주지 않는 가난한 소설가였지만, 책을 읽고 소설을 썼던 시간만큼은 분명히 행복했을 것이다.

가난이나 환경이 펜을 꺾을 수는 없다. 작가에게는 쓰는 게 호흡이기 때문이다. 작품성이 문학의 전부는 아니다. 작품성을 운운하면 문학은 문인에게서 먼 이름이 되고 만다. 문학을 하는 사람이 따로 있는 것도 아니다. 누구나 내면에 작가의 기질을 가지고 있다. 다만 개발되지 않았을 뿐이다. 이민자의 삶을 녹여낸 작품들이 훗날 이민 역사의 중요한 자료가 되고 이민 문학사의 아름다운 한 페이지가 될 것이라 믿는다. 오늘 밤에도 익명의 땅에서 잠을 반납한 채 창작하는 모든 작가에게 존경과 응원의 박수를 보낸다.

-수필, 작가라는 이름으로 中 일부. 박인애(달라스한인문학회 제5대 회장)

편집 후기

매해 반복하는 일임에도 설렘이 있다. 『달라스문학』 19호의 원고 파일을 여는 손끝이 떨린다. 어떤 삶이 녹아있을지, 감정과 이성, 논리와 지성, 과거와 현재, 현실과 상상 등이 어찌 버무려져서 오묘하고 신박한 결과물을 만들어 냈을지, 기대와 함께 활자를 훑는다. 포문을 여는 첫 글에서부터 문학적 향기가 피어난다. 삶의 가치 있는 경험과 의미를 자기만의 언어로 개성 있게 표현한 편 편의 글들을 읽는다. 삶의 궤적에서 묻어나는 오욕칠정을 통해 광의 안에 포함된 섬세한 울림을 느끼며 새삼 삶이 사람임을 되새김한다. 그리고 글 속에 삶이 녹아있다는 것을. 그래서 글을 주신 분들이 더없이 귀하고 고맙다. 삶을 고스란히 아낌없이 내어주었으니. 혹서를 견뎌야 하는 변화무쌍한 지상에서의 나날이지만 글을 읽고 쓸 수 있음에 감사하다. 독자와 작가가 작품을 통해 마음이 하나 되고 감정이 교류하고 지성이 맞닿는 경험을 할 수 있다면 이보다 더 좋은 일이 어디 있으리. 19호에 날개를 달아 독자 제위께 날려 보낸다. 부디 잘 안착하여 지친 삶에 여름날 얼음냉수 한 그릇처럼 시원함을 선사한다면 큰 기쁨이겠다. **- 김추산**

"내일 지구의 종말이 온다 해도 나는 오늘 한 그루의 사과나무를 심겠다"라는 명언이 심중에 와 박혔다. 책임이라는 부담감이 시위를 당겼을 것이다. 통증에 시달리며 책을 엮었다. 건강했다면 스피노자의 전언에 귀를 기울였을까. 살다 보면 명언이 약이 되는 순간이 있다. 그 덕에 사는 이유와 심어야 할 나무를 고민하며 여름 같았던 가을을 보내는 중이다.

이 책의 목차에 매년 오르는 작가들의 존함이 더없이 귀하고 존경스럽다. 특별히 19호에 옥고를 보내주신 한국문인협회 김호운 이사장님과 방송인 김명기, Jasmine Lee 님께 감사드린다. 디카시 공모전 수상작과 달라스문학 신인상 수상작을 올리게 되어 기쁘다. 수상에서 멈추지 말고 정진하셨으면 하는 바람이다. 창작을 사는 이유라 여기고 오늘도 사과나무 심는 분들을 마음 다해 응원하며 19호를 내놓는다. **- 박인애**

달라스문학 2024 | 통권 19호

발 행 일 | 2024년 09월 30일
발 행 처 | 달라스한인문학회
지 은 이 | 김양수 외
편집국장 | 박인애
책임편집 | 김추산

달라스한인문학회 | Korean Literature Society of Dallas
2373 Mare Rd. Carrollton, TX 75010 U.S.A
연 락 처 | 972-900-2751 nadainae@naver.com
달라스한인문학회 카페 | http://cafe.naver.com/dallas1234

펴 낸 곳 | 시산맥
주   소 | 03131 서울특별시 종로구 율곡로6길 36. 월드오피스텔 1102호
ISBN 979-11-6243-515-1(03810)

값 15,000원

- 이 책은 전부 또는 일부 내용을 재사용하려면 반드시 저작권자와 시산맥사의 동의를 받아야 합니다.

- 이 도서의 국립중앙도서관 출판시도서목록은 서지정보유통지원시스템 홈페이지(http://seoji.nl.go.kr)와 국가자료공동목록 시스템(http://www.nl.go.kr/kolisnet)에서 이용하실 수 있습니다.